Einleitung

Wandern in der Fränkischen Schweiz erfreut sich seit über 200 Jahren großer Beliebtheit und ist auch für uns heutige bewegungsschwache Menschen eine ideale Freizeitbeschäftigung, gesundheitlich wertvoll und geeignet Stress und Spannungen abzubauen. Gerade für Kinder und etwas Ältere ist die Region dazu besonders geeignet, denn hier zu wandern stärkt ohne zu überanstrengen durch häufige kleinere An- und Abstiege die Kondition. Der rasche Wechsel der landschaftlichen Szenerie lässt Fußtouren kaum langweilig werden: Statt durch endlose Fichtenmonokulturen laufen wir hier durch kleine Buchenwaldstücke, statt großagrarischer Eintönigkeit finden wir kleinteilige Acker- und Wiesenflächen. Ein besonderer Schmuck sind die zahlreichen kleinen Flüsse, an deren Talhängen die für die Fränkische Schweiz so typischen Felsgruppen in hellem Juragestein hervortreten. Die herrlichen Tropfsteinhöhlen, die schon im 19. Jahrhundert erschlossen und begeistert besucht wurden, und die in der Region in großer Zahl vorhandenen Burgen und Ruinen, sind Glanzpunkte vieler Wanderungen.

Natürlich hinterließ die moderne Zeit auch hier ihre Spuren. Manche Bausünden aus der zweiten Hälfte des 20. Jahrhunderts sind in den größeren Orten zu sehen. In einigen Tälern ist der motorisierte Ausflugsverkehr beträchtlich, gerade am Wochenende (obwohl die Anreise mit öffentlichen Verkehrsmitteln fast überall möglich ist, wie die Wandervorschläge dieses

Die trockenen Jurahänge sind ideale Schafweiden.

Christof und Helmut Herrmann

Biergarten-wanderungen

Fränkische Schweiz

Heinrichs-Verlag Bamberg

Inhaltsverzeichnis

kleinen Buches zeigen). Verglichen mit anderen Urlaubsregionen halten sich die Störungen durch den Autoverkehr in der Fränkischen Schweiz in Grenzen. Der Wanderer ist fein heraus, steht ihm doch ein riesiges Netz von kleinen, oft ungeteerten und ruhigen Wanderwegen zur Verfügung. Dank der fleißigen Mitglieder des Fränkische-Schweiz-Vereins (weitere Infos unter www.fsv-ev.de) sind viele dieser schönen Pfade mit Wegweisern und Markierungen sehr gut ausgestattet.

Bild oben und Mitte: Die Wanderwege in der Fränkischen Schweiz sind meist gut markiert oder beschildert.

Unter den zahllosen Wandermöglichkeiten wurden hier solche ausgewählt, die landschaftlich und kulturell einiges zu bieten haben, darüber hinaus aber auch eine oder mehrere gute Möglichkeiten für eine angenehme Einkehr zu bieten haben.

Die fränkische Küche ist deftig. Schweinefleisch steht im Vordergrund, so die beliebten fränkischen Schäufele. Gute Wurstwaren aus eigener Schlachtung und Herstellung bekommen wir oft auch im einfachen Dorfgasthaus. Seit alters her ist die Fränkische Schweiz für ihre Forellen berühmt, die in vorzüglicher Frische zubereitetet werden. An den Jurahängen nimmt die Beweidung mit Schafen zu. So können wir mit etwas Glück einen guten Braten vom Juralamm erhalten. Ein Obstler hilft zur Verdauung und bringt den gesättigten Wanderer wieder in Schwung. Die Fränkische Schweiz ist bekannt für ihre guten Brände. Auf den Wanderungen sehen wir öfters schöne Obstbaumbestände mit Kirschen, Äpfeln und Birnen. In veredelter Form finden wir sie im Glas wieder.

Da überwiegend in der schönen Jahreszeit gewandert wird, sind alle Wanderungen so geplant, dass mindestens ein besuchenswerter Biergarten an der Strecke gelegen ist. Da der Unterhalt eines gepflegten Biergartens für den Gastwirt mit Zeit- und Geldaufwand verbunden ist, ist deren Zahl eher rückläufig. Besonderer Erwähnung bedürfen die oft noch auf das 19. Jahrhundert zurückgehenden Bierkeller. An diesen wird teilweise heute noch das eingelagerte Bier aus dem Berg ausgeschenkt.

In nicht wenigen Betrieben der Region wird das Bier (teilweise in mehreren Sorten) selbst gebraut. Das ist ein besonderes Plus für eine genussreiche Einkehr. Bier ist keineswegs gleich Bier. Ähnlich wie beim Wein gibt es die unterschiedlichsten Geschmacksaromen. Trinken wir nur ein allgemein verbreitetes Großbrauerbier werden wir niemals die Vielfalt fränkischer Bierkultur erfahren.

In der Fränkischen Schweiz wird viel Obst angebaut ...

... aus dem Obst der Region werden edle Brände hergestellt.

Dörfliche Kleinbrauereien sind in einigen (eher etwas abseits gelegenen) Ecken der Fränkischen Schweiz gehäufter anzutreffen. Es ist ein naheliegender Gedanke mehrere Brauereigasthöfe durch eine Wanderroute zu verbinden. Mit dem Brauereiwanderweg Aufseß wurde vor Jahren damit ein Anfang gemacht, der viele, die sonst wenig wandern dazu verlockt, die Wanderschuhe anzuziehen. Ein großes, auch Erfolg bringendes, Wanderpotential wurde hier aufgetan. Wer etwas ruhiger von Brauerei zu Brauerei wandern möchte, wird in diesem Büchlein eine ganze Reihe interessanter Anregungen finden.

Ein Salamandra salamandra, besser bekannt als Feuersalamander.

GPS-Daten

Mit dieser Auflage stehen Ihnen die Tracks und Wegpunkte für die 15 Touren in diesem Buch zur Verfügung. Laden Sie einfach die GPS-Daten unter www.einfachbewusst.de/fraenkischeschweiz (Passwort: BWFS_2021_!) auf Ihr GPS-Gerät oder in eine Wander-App auf Ihrem Smartphone.

Die Wiesent und ihr Tal bekommen wir auf der 13. und weiteren Wanderungen zu Gesicht.

1 Aufs Walberla und drum herum und zum Drummer nach Leutenbach

Biergarteneinkehr in Schlaifhausen, Leutenbach und auf dem Lindenkeller

Wiesenthau – Ehrenbürg (Walburgiskapelle) – Rodenstein – Schlaifhausen – Leutenbach – Kirchehrenbach – Lindenkeller – Wiesenthau

Weglänge: 13 km
Aufstieg / Abstieg: 390 hm / 390 hm
Reine Gehzeit: 4 Stunden
Start: Haltestelle Wiesenthau. Bahnstrecke Forchheim – Ebermannstadt, Verkehrsverbund Großraum Nürnberg (VGN). Stündliche Zugverbindung. Gute Anschlüsse in Forchheim bei Anfahrt von Nürnberg oder von Bamberg. Parkmöglichkeit am Bahnhof Wiesenthau.
Ziel: Haltestelle Wiesenthau. Wenn man die Wanderung verkürzen will kann man auch den Bahnhof Kirchehrenbach ansteuern.
Gelände: Zum Walberla hinauf ein Anstieg von 250 Metern. Ab dem Rodenstein bergab bis Schlaifhausen und Leutenbach und ohne größere Steigungen nach Wiesenthau zurück. Fast kein Schatten. Beim steinigen und steilen Abstieg vom Rodenstein sind feste Wanderschuhe mit Profilsohle zu empfehlen.
Karte: Fritsch Wanderkarte Naturpark Fränkische Schweiz Blatt Süd 1:50 000 oder Wanderkarte Naturpark Fränkische Schweiz/Veldensteiner Forst des Landesvermessungsamts München im gleichen Maßstab.
Empfohlene Jahreszeit: Vor allem April/Mai zur Zeit der Obstbaumblüte, aber auch der Sommer wegen der Felsflora am Walberla.
Sehenswertes:
Wiesenthau: Das Schloss ist eine wehrhafte Dreiflügelanlage des 16. Jahrhunderts mit hübschen Rundtürmen. In der Kirche Renaissancegrabmäler.
Ehrenbürg: Markanter, der Fränkischen Schweiz vorgelagerter Juraberg mit Doppelgipfel; auf beiden Anhöhen schöne Aussicht. Auf dem nördlichen Gipfel („Walberla“) steht die Walburgiskapelle aus dem 16./17. Jahrhundert. Der südliche Gipfel mit einem großen Gipfelkeuz heißt Rodenstein.

Die Ehrenbürg mit ihren beiden Gipfeln Walberla und Rodenstein ist eines der beliebtesten Wanderziele in der Region. Und das mit Recht, denn hier sind auf engstem Raum schöne Landschaftsbilder mit einem markanten, aussichts- und blütenreichen Berggipfel, alte dörfliche Kulturgüter und nicht zuletzt auch gute Gaststätten und Bierkeller auf engstem Raum vereint.

Hier zu wandern ist das ganze Jahr über beglückend. Im April und Mai erfreuen wir uns an dem Blütenreichtum der Obstbäume an den Berghängen, beginnend

1

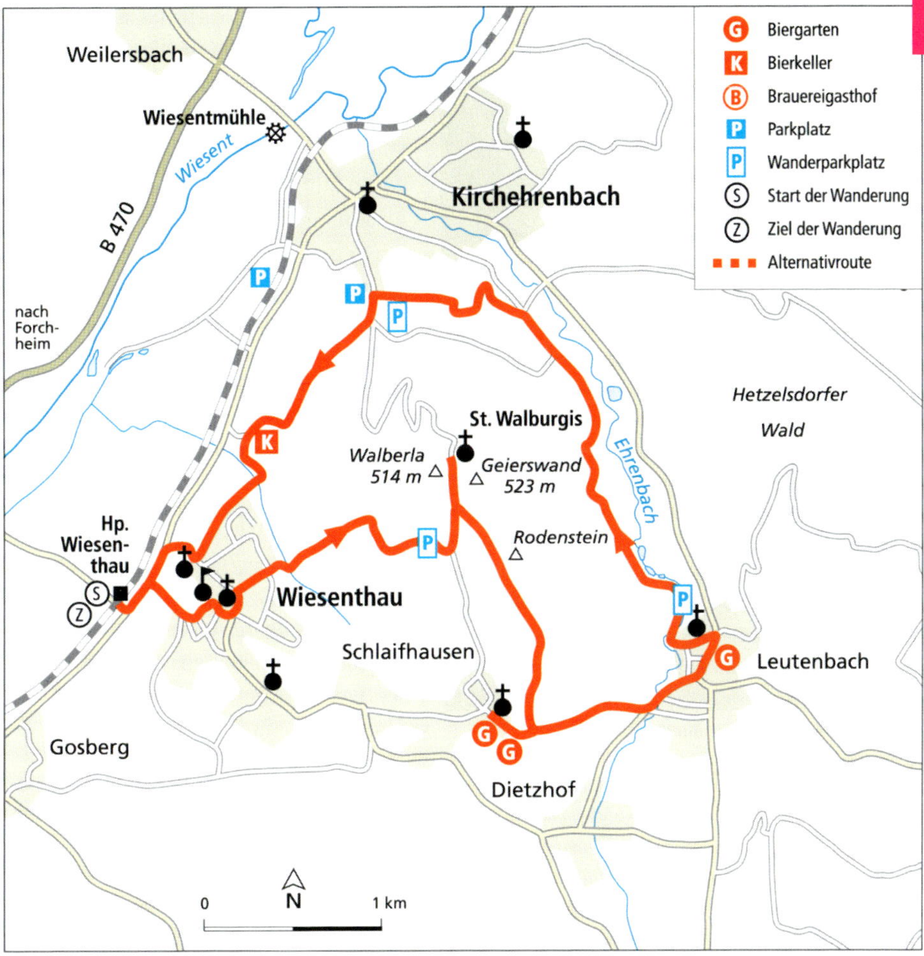

Leutenbach und der Drummer warten schon.

Die spitzen Felsnadeln am Walberla sind durch Verwitterung entstanden.

meist schon Mitte April mit der Blüte der Kirschen, gefolgt dann der von Birnen und Äpfeln. Die Walberlakirchweih am ersten Maisonntag (mit viel Trubel am Berg!) fällt in die Hauptblütezeit. Ab Anfang Juni folgt an den oberen Berghängen und im Gipfelgestein die Zeit der Wiesenblüte und der Felsflora. Viele seltene Pflanzenarten wachsen auf dem Juragestein. Auch die „gewöhnlichen" Blütenpflanzen, wie Pfingstnelken, Glockenblumen und Margeriten sind ein farbiger Schmuck der Wiesen. Der ganze Gipfelbereich steht unter Naturschutz.

Der Anstieg zum Berg ist von verschiedenen Seiten möglich; der von Wiesenthau her ist besonders zu empfehlen, da er auf kleinen Feldwegen verläuft und man – wie auch im weiteren Verlauf der Wanderung – nicht durch Autoverkehr belästigt wird. Der Weg hinauf ist relativ steil. Die grandiose Aussicht vom Walberla ist der Lohn für die Mühe des Anstiegs. Die Orte des Wiesenttals liegen zu Füßen des Betrachters. Von der anderen Talseite herüber grüßt die Vexierkapelle von Reifenberg (vgl. Wanderung 2). Fast genau so schön ist etwas später die Aussicht am Gipfelkreuz des Rodensteins, die den Blick in westliche und südliche Richtung erlaubt.

Auf der Ehrenbürg gibt es außer am Kirchweihsonntag nichts zu essen und zu trinken, doch finden wir an der Wanderstrecke eine Reihe guter Gasthäuser und schöner Biergärten. Der Landgasthof Ehrenbürg erfreut sich eines guten Rufs und wird auch vom städtischen Publikum gern aufgesucht. Der Gasthausgarten bietet eine reizvolle Aussicht. Auch das Gasthaus Kroder besitzt einen großen Außenbereich. Wegen seiner guten Fleisch- und Fischgerichte ist er in er in der Region, auch bei Wanderern, sehr beliebt. Drummer in Leutenbach ist wegen seiner selbst gebrauten Biere weithin bekannt. Zwei Außenbereiche laden im Sommer zum Verweilen ein, besonders schön ist der rückwärtige, im Grünen gelegene Biergarten. Im weiteren Verlauf der Wanderung kann man sich noch am Lindenkeller stärken, der einen herrlichen alten Baumbestand besitzt.

Wegbeschreibung

Am *Bahnhof Wiesenthau* folgen wir 150 Meter der Straße in Richtung Ebermannstadt. Wir überqueren sie bei einer Fußgängerinsel und biegen rechts in die Weiherstraße ein. Diese macht bei einem Teich eine Kurve nach links. Bei der Kirche erreichen wir die Hauptstraße. Hier gehen wir nach links. Sodann biegen wir rechts in die Ehrenbürgstraße ein. Unser Weg zum Walberla ist mit der Markierung „Diagonaler blauer Strich" gekennzeichnet, doch sind die Markierungen etwas lückenhaft.

Aufstieg zum Rodenstein im Hintergrund die Walburgiskapelle.

1

Am Ende der Straße laufen wir in der bisherigen Richtung bergab. Unten wandern wir geradeaus (nicht links) weiter. Nach etwa 100 Metern gehen wir auf dem weniger guten, grasbewachsenen Weg geradeaus (nicht rechts!). Nach einigen Minuten Anstieg stößt man auf einen breiteren Querweg, in den man nach rechts einzubiegen hat. Nach gut 200 Metern sehen wir etwas versteckt rechts an einem Baum unsere Markierung, die uns nach links in einen bergauf führenden Wiesenpfad (zeitweise mit einer Einzäunung daneben) einbiegen lässt. Eine erste Abzweigung rechts bleibt unbeachtet. Wir gelangen zu einem weiteren Querweg. Hier laufen wir nach rechts zu dem nahen Wanderparkplatz und der *Bergwachthütte* und folgen nun dem geteerten Weg zum Sattel zwischen den beiden Berggipfeln, wo wir zunächst nach links zur *Walburgiskapelle* auf dem Walberla emporsteigen.

Dann laufen wir zu dem Bergsattel zurück und gehen hier auf dem Feldweg geradeaus, der später wieder ansteigt. Der Weg gabelt sich. Der linke Weg umgeht den Gipfel des Rodenstein. Wegen der Bergaussicht und der Felsflora steigen wir auf dem rechten Weg über Treppen zu dem südlichen Gipfel des Ehrenbürgmassivs (*Rodenstein*) bis zum Kreuz hinauf. Dann geht es auf einem steilen steinigen Fußweg beständig bergab. Von links kommt der um den Berg herum führende Weg hinzu. Man erreicht bergab kurz vor *Schlaifhausen* einen kleinen Platz mit Parkmöglichkeit und mehreren Wandertafeln. Hier geht es gleich (oder später) nach links in Richtung Leutenbach weiter. Zum Besuch der Gaststätten von Schlaifhausen läuft man geradeaus zu den Häusern hin und erreicht nach etwa 200 Metern den *Landgasthof Ehrenbürg* und nach weiteren 250 Metern das *Gasthaus Kroder*.

Zur Obstbaumblüte ist es am Walberla besonders schön.

1

An der Stelle mit dem Parkplatz und den Wandertafeln laufen wir in den Wald hinein (Markierung „Gelbes Kreuz"). Später geht es nach rechts am Wiesenhang hinunter. Man kommt zu einer Teerstraße, die uns nach links in den Ort *Leutenbach* bringt. Bei einer Straßenkreuzung laufen wir geradeaus und ereichen den *Brauereigasthof Drummer.*

Ein paar Meter weiter biegen wir, einem Radweghinweis nach Kirchehrenbach folgend, links in die Ehrenbürgstraße ein. Nach dem Ortsende wird ein Bach überquert. Bei einer Straßengabelung bleiben wir unten auf der geteerten Talstraße. Sie ist mit einer „Roten Raute" markiert. Wir kommen an der Kläranlage vorbei und steigen später nochmals ganz ins Tal hinunter. In Höhe der ersten Häuser von Kirchehrenbach (auf der anderen Talseite!) zweigt links ein breiterer Flurweg ab. Diesem folgen wir. (Geradeaus können wir den Ort und den *Bahnhof Kirchehrenbach* erreichen, was die Wanderung um etwa 1,5 km verkürzen würde.)

Der befestigte breite Flurweg, auf dem wir nun bergauf gehen, ist weiterhin mit „Roter Raute" markiert. Er knickt dann rechts ab und geht eben weiter. Wir gelangen an ein Sträßchen, das von Kirchehrenbach Richtung Walberla führt. Auf ihm laufen wir 100 Meter nach links bis zu einem Pavillon mit interessanten Informationen über die Region. Hier biegen wir rechts in einen mit Betonplatten befestigten Flurweg ein (Wegweiser Lindenkeller). Auf diesem bleiben wir bis zum *Lindenkeller.*

Wir laufen vom Keller aus leicht links etwa 40 Meter in Richtung der Autostraße zu einer kleinen Flurwegekreuzung (Zufahrten zum Keller) hin. Hier biegen wir halblinks in den unbefestigten Grasweg ein, der zwischen Feldern direkt zum Bach führt und ihn überquert. Geradeaus weiter steigen wir in Buschgelände bergan und gehen oben in der Nähe einer Wohnsiedlung auf einem Feldweg bis zu einer Autostraße, an deren Gehweg wir bergab wieder zur *Bahnhaltestelle Wiesenthau* gelangen.

Sonnenuntergang am südlichen Walberlagipfel (Rodenstein).

1

Biergärten und Bierkeller auf der Ehrenbürg-wanderung

Ehrenbürg, Schlaifhausen 68

Telefon: 09199/696930
Mail: info@ehrenbuerg.com
Internet: www.ehrenbuerg.com
Öffnungszeiten: Dienstag ist Ruhetag. Montag bis Freitag 11.30 bis 14 Uhr und ab 17.45 Uhr, Samstag und Sonntag durchgehend geöffnet.
Lage: Der Terrassengarten ist mit Stühlen und Tischen aus Massivholz und großen Sonnenschirmen ausgestattet und bietet einen hübschen Ausblick auf die fränkische Landschaft.
Essen und Trinken: Die Speisekarte ist umfangreich und enthält außer fränkischen Klassikern auch Saisonales (Spargel, Pilze), Fischgerichte, Vegetarisches und Veganes. Biere von Tucher in Nürnberg/Fürth und Gutmann in Titting.

Gasthaus Kroder, Schlaifhausen 43

Telefon: 09199/416
Internet: www.gasthaus-kroder.de
Öffnungszeiten: Stand April 2021 wird der „Kroderwirt" in Zukunft nur noch eingeschränkt offen haben. Informieren Sie sich bitte auf der Homepage oder telefonisch.
Lage: Der Biergarten liegt vor dem schönen Fachwerkgasthaus unweit einer wenig befahrenen Dorfstraße. Es gibt sonnige und beschattete Plätze.
Essen und Trinken: Die Küche ist fränkisch ausgerichtet; man bekommt gute fränkische Fleischgerichte (z. B. Gewürzschweinebraten, Rindfleisch mit Kren!), Forellen und in der Saison auch Karpfen. Die Biere stammen von der Brauerei Ott Oberleinleiter, also auch aus der Fränkischen Schweiz. Die Schnäpse sind selbst gebrannt.

1

Brauereigasthof Drummer, Dorfstr. 10, Leutenbach

Telefon: 09199/403
Internet: www.brauerei-gasthof-drummer.de
Öffnungszeiten: Montag ist Ruhetag, Dienstag, Mittwoch und Freitag 11 bis 14.30 Uhr und 17 bis 22 Uhr, Donnerstag 11 bis 14.30 Uhr, Samstag 11 bis 22 Uhr und Sonntag 11 bis 15 Uhr.
Lage: Das stattliche Gasthaus besitzt zwei Außenbereiche. An der gepflasterten Terrasse nahe dem Haus befindet sich ein Bereich mit Sonnenschirmen und einem Baum. Hier wird bedient. Weiter hinten findet man den eigentlichen Biergarten mit Tischen und Bänken, der Baumschatten erhält. Der Boden ist hier (vorbildlich!) mit Kies belegt. In diesem Bereich ist Selbstbedienung.
Essen und Trinken: An Werktagen bekommt man in erster Linie Brotzeiten, aber meist auch ein warmes Gericht (z. B. Sauerbraten) und Bratwürste. Auch für Vegetarier lässt sich die Küche etwas einfallen. An Freitagen und Samstagen gibt es fast immer als Spezialität des Hauses „Bohnakern" (dicke Bohnen, geräuchertes Bauchfleisch und Kloß). Am Sonntag Bratenküche, gelegentlich auch Forellen oder Karpfen. Wenn es die hausgemachten Kuchen und Torten gibt, sollte man zugreifen. Die Biere (Hell, Weizen und ein süffiges Dunkel) sind selbst gebraut.

Lindenkeller (zwischen Wiesenthau und Kirchehrenbach)

Telefon: 09191/94448
Mail: info@gasthaus-sponsel.de
Internet: www.gasthaus-sponsel.de
Öffnungszeiten: Bei schlechtem Wetter nicht geöffnet. Sonst in der Kellersaison von Montag bis Freitag ab 16 Uhr, samstags, sonntags und feiertags ab 12 Uhr.
Lage: Typischer fränkischer Keller mit Kellerhaus und Biergarnituren, teilweise neben dem Haus in der Sonne mit Schirmen und teilweise erhöht unter uralten Linden.

Essen und Trinken: Werktags gibt ein warmes Gericht und Brotzeiten mit selbstgebackenem Brot. Samstag und Sonntag auch Braten mit Klößen. Die Biere stammen von den Brauereien Winkler in Lengenfeld und Leikeim in Altenkunstadt.

2 Zur Vexierkapelle und auf dem Wallfahrerweg zum Forchheimer Kellerwald

Pretzfeld – Rüssenbach – Reifenberg – Vexierkapelle – Oberweilersbach – Annakirche Weilersbach – Serlbach – Forchheimer Kellerwald – Forchheim

Weglänge: 14 km
Aufstieg / Abstieg: 260 hm / 280 hm
Reine Gehzeit: 4 Stunden
Start: Bahnhof Pretzfeld. Bahnstrecke Forchheim – Ebermannstadt, Verkehrsverbund Großraum Nürnberg (VGN). Stündliche Zugverbindung. Gute Anschlüsse in Forchheim bei Anfahrt von Nürnberg oder Bamberg.
Ziel: Bahnhof Forchheim. Bahnstrecke Nürnberg – Bamberg. Stündlich eine S-Bahn und ein Regionalexpress in beide Richtungen.
Gelände: Bis zur Vexierkapelle ein Anstieg von 150 Höhenmetern. Dann bergab und überwiegend ebene Wege. Mit Ausnahme des Forchheimer Stadtgebiets keine größeren Autostaßen. Fast die gesamte Wegstrecke ist markiert.
Karte: Fritsch Wanderkarte Naturpark Fränkische Schweiz Blatt Süd 1:50 000 oder Wanderkarte Naturpark Fränkische Schweiz/Veldensteiner Forst des Bayerischen Landesvermessungsamts München im gleichen Maßstab.
Empfohlene Jahreszeit: Während der Bierkellersaison vom Frühjahr bis zum Herbst. Das Annafest auf den Forchheimer Kellern findet immer in der Woche um den 26. Juli statt; es dauert eine Woche lang.
Sehenswertes:
Pretzfeld: Siehe Wanderung 4.
Vexierkapelle: Hochgelegene kleine Kirche an der Stelle einer ehemaligen Burgkapelle. Im Wiesenttal sieht man die Kapelle aus den unterschiedlichsten Richtungen.
Forchheim: In Forchheim gibt es eine Menge zu sehen. Großartiger Rathausplatz mit schönen Fachwerkbauten, insbesondere das mit Schnitzereien reich verzierte Rathaus. Das Bischofsschloss (fälschlich „Kaiserpfalz“ genannt) war ehemals ein Wasserschloss der Bamberger Bischöfe. Auch die Stadtpfarrkirche ist sehenswert, unter anderem wegen einer spätgotischen Madonna im Strahlenkranz.
Forchheim wurde im 16./17. Jahrhundert als bischöfliche Festung ausgebaut, große Teile der Befestigungsanlagen sind noch erhalten.

Einkehr nach multinationaler Wanderung im Forchheimer Kellerwald.

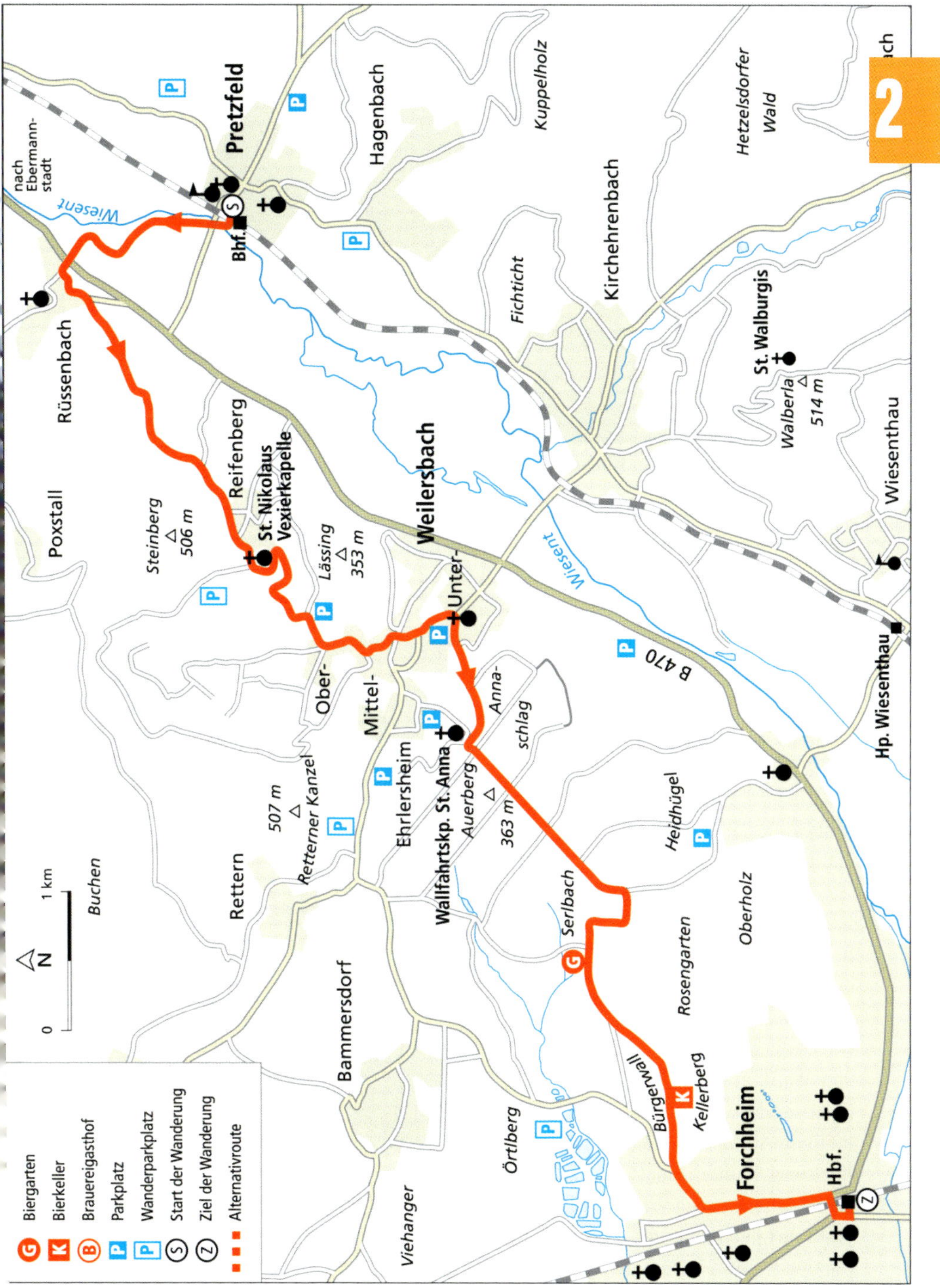

Biergarten
Bierkeller
Brauereigasthof
Parkplatz
Wanderparkplatz
Start der Wanderung
Ziel der Wanderung
Alternativroute
0
1 km
N
nach Ebermann-stadt
Pretzfeld
Bhf.
Wiesent
Hagenbach
Kuppelholz
Hetzelsdorfer Wald
Rüssenbach
Poxstall
Reifenberg
Steinberg
506 m
St. Nikolaus Vexierkapelle
Lässing
353 m
Weilersbach
Fichticht
Kirchehrenbach
St. Walburgis
Walberla
514 m
Wiesenthau
Hp. Wiesenthau
B 470
Unter-
Ober-
Mittel-
Anna-
schlag
Ehrlersheim
Wallfahrtskp. St. Anna
Auerberg
363 m
Retterner Kanzel
507 m
Rettern
Buchen
Heidhügel
Serlbach
Oberholz
Rosengarten
Bammersdorf
Bürgerwall
Kellerberg
Forchheim
Hbf.
Örtlberg
Viehanger
2

2

Ausblick bei Reifenberg zum Walberla.

Diese Wanderung bietet dem „Kellergänger" zum Ende der Tour reichlich Auswahl. Zunächst gehen wir durch schönstes Obstbaumgelände, blicken übers Tal bis zum Walberla und erreichen den kleinen Ort Reifenberg. Der ehemalige Reifenberger Keller ist ein noch im ursprünglichen Ambiente erhaltener Dorfkeller, wie sie in der fränkischen Bierregion früher üblich waren. Es bleibt zu hoffen, dass hier unterhalb der Vexierkapelle bald wieder direkt aus dem Felsenkeller ausgeschenkt wird. Bis dahin können wir die Bänke und Tische unter dem alten Baumbestand als Rastplatz nutzen.

Fränkisches Dorfidyll in Pretzfeld.

Bergab erreichen wir dann Weilersbach. Dort führt die Wanderung bei der Kirche St. Anna vorbei. Nach der heiligen Anna, Marias Mutter, ist das Annafest in Forchheim benannt. Die Weilersbacher Kirche war ein von Wallfahrern viel besuchter Ort, insbesondere am Patronatstag der heiligen Anna, dem 26. Juli. Auf dem Rückweg kamen die Pilger zu den Bierkellern bei Forchheim und erholten sich hier von den Anstrengungen der Wallfahrt bei dem guten Forchheimer Bier. Dies war der Ursprung des heute noch um den 26. Juli herum gefeierten Annafestes.

Am höchsten Punkt der Wanderung liegt die Vexierkapelle.

Unsere Wanderroute folgt dem traditionellen Wallfahrerweg von Weilersbach zum Forchheimer Kellerwald. Hier finden wir auch heute zahlreiche Möglichkeiten, uns zu stärken. Eine Kette von Bierkellern ist in einmaliger Weise aneinander gereiht. Einige der Keller haben das ganze Jahr geöffnet, viele während der Sommersaison und andere nur am Wochenende oder zur Zeit des Annafestes. Wann auch immer man hinkommt, man wird eine erhebliche Zahl von Kellern mit unterschiedlichen Bierangeboten (Forchheim besitzt noch vier Brauereien!) und vielfältiger fränkischer Küche antreffen. Auf allen Kellern gibt es Brotzeiten, teilweise auch warme Fleischgerichte, geräucherte Forellen und rein pflanzliche Speisen wie vegane Bratwürste. Manche haben ihre besonderen Spezialitäten. Während des Annafestes wird man auch mit allerlei nicht-fränkischen Gerichten, zuweilen mit Fastfood, und mit viel Musik auf verschiedenen Kellern zu rechnen haben. Beeindruckend ist ein Besuch im Forchheimer Kellerwald in jedem Fall.

Forchheim besitzt eine schöne Innenstadt (hier Blick zur Spitalkirche).

2

Auch nach der Wanderung kann man in Forchheim im Freien einkehren (Gasthaus Neder und Brauerei Hebendanz).

Wegbeschreibung

Am *Bahnhof Pretzfeld* gehen wir ortseinwärts. Nach einer Brücke über den Mühlbach erreichen wir eine größere Straße, an der wir uns links halten. Wir überqueren das Bahngleis und den Wiesentfluss. 25 Meter nach der Brücke biegen wir rechts in einen Feldweg ein (Markierung „Grüner Strich"). Dieses Wegzeichen führt uns weiter. Der Grasweg mit Fahrspuren wird später breiter, schwenkt nach rechts, wendet sich aber bald wieder nach links und bringt uns am östlichen Ortsende von *Rüssenbach* zur B 470, die wir überqueren.

Wir folgen geradeaus der Ortsstraße und halten uns dann bei einer Kreuzung links. Bei einem großen Baum mit Pavillon laufen wir wieder links bis zum Ortsende. Hier biegen wir nach rechts mit den Markierungszeichen „Roter Schrägstrich" und „K" (Kulturweg) in ein Sträßchen ab, das nach dem Ende der Bebauung als breiter Feldweg schräg den Hang hinaufführt. Mehrmals folgen wir dem Wegweiser zur Vexierkapelle, so auch nach einem Heckenstreifen, wo es nach rechts in den Wald hineingeht und man auf einem Fußweg steil bergauf steigt. Oben geht es dann leicht nach links am Waldrand weiter. Der Weg führt durch Obstbaumgelände; er ist später gepflastert und bringt uns nach *Reifenberg*.

Man bleibt auf der Straße im oberen Ortsbereich und geht nicht nach links hinunter. Direkt nach einem ehemaligen Gasthof biegen wir zum Besuch des Bierkellers rechts in einen einfachen Weg ein (hier steht ein Parkverbotsschild) und kommen zum *Reifenberger Keller* und dann im Hohlweg weiter ansteigend zur *Vexierkapelle*. Auf dem Zufahrtssträßchen wandern wir nun wieder in Richtung Reifenberg hinunter. Allerdings gehen wir nicht ganz bis zum Ort, sondern biegen 100 Meter vor dem ersten Haus (am Beginn eines hölzernen Geländers auf der rechten Seite) scharf rechts in einen Waldweg ein, der kurz bergab führt und dann eben am Hang entlang verläuft. Bei einer Lichtung im Wald schwenkt der Weg nach links und führt nun recht steil bergab. Man kommt auf einen Querweg und läuft hier nach rechts weiter hinunter, bis man unten zu einem geteerten Sträßchen kommt. Auf diesem laufen wir nach *Oberweilersbach* hinein.

2

An der Vorfahrtsstraße halten wir uns links und gehen auf dieser an einer Bäckerei vorbei weiter hinunter. Eine weitere Vorfahrtstraße wird erreicht, an dieser gehen wir wieder links. Nach 80 Metern biegen wir rechts in die Straße Kirchenweg ab. Diese führt zu einer breiteren Straße, an der wir links gehen und durch unbebautes Gelände zur *Kirche St. Anna* gelangen.

Vor der Kirche halten wir uns rechts und laufen über den Parkplatz in den Friedhof hinein und an dessen rückwärtigem Ende wieder heraus. Hier stoßen wir auf eine kleine Wohnstraße, der wir geradeaus folgen. Wenn diese nach links hinuntergeht, laufen wir geradeaus in einen Waldweg hinein. Hier erblicken wir das Markierungszeichen „Gelber senkrechter Strich" das uns bis Forchheim führt. Man stößt auf einen breiteren Waldweg und geht hier leicht rechts weiter. Unter einer Hochspannungsleitung macht unser Weg nochmals einen Knick nach rechts. 200 Meter danach erreichen wir eine große Waldstraßenkreuzung. Hier biegen wir nach links ein. Die Waldstraße führt kerzengerade durch den Wald. Kurz vor dem Waldende stößt man auf eine kleine Teerstraße, die nach dem Wald nach rechts abbiegt (geradeaus kommt man auf breitem Feldweg und dann im Wald auch zum Kellerwald). Wir folgen der kleinen Teerstraße, die nach *Serlbach* führt und gehen dort mit einer Linkskurve durch den Ort am Gasthof Zu den Linden vorbei.

Wir folgen der wenig befahrenen Straße aus den Ort hinaus. Kurz nach dem Beginn des Waldes biegen wir in den ersten links abgehenden Waldweg ein (kein Wegweiser). Eine Waldwegegabelung wird bald erreicht, hier geht es leicht nach rechts weiter. Die Richtung beibehaltend erreichen wir die unteren Bierkeller im *Forchheimer Kellerwald*. An den Bierkellern vorbei laufen wir hinunter bis in die Untere Kellerstraße. In dieser biegen wir in die zweite Seitenstraße links, die Hans-Sachs-Straße, ein. Wir folgen dieser und dann (leicht nach rechts versetzt) der Hainstraße geradeaus, bis wir auf die stark befahrene B 470 stoßen. An dieser überqueren wir nach rechts die Bahngleise und erreichen dann zweimal nach links einbiegend den *Bahnhof Forchheim*.

Ausblick vom ehemaligen Reifenberger Keller ins sonnige Wiesenttal.

2

Bierkeller auf dem Wallfahrerweg zum Kellerwald

Reifenberger Keller, Reifenberg 73, Weilersbach

Stand April 2021 wird der Reifenberger Keller bis auf Weiteres nicht bewirtschaftet. Es kann aber auf dem schön und ruhig gelegenen Keller gepicknickt werden.

Gasthaus zu den Linden, Serlbach 4, Forchheim

Telefon: 09191/13607
Mail: info@zudenlinden-serlbach.de
Internet: zudenlinden-serlbach.de
Öffnungszeiten: Montag und Dienstag ist Ruhetag. An den übrigen Tagen durchgehend geöffnet.
Lage: Angenehmer Biergarten nahe der sehr gering befahrenen Ortsstraße. Vier alte Linden spenden Schatten, auch sonnige Plätze und ein Kinderspielbereich sind vorhanden. Man sitzt an Gartentischen und Stühlen.
Essen und Trinken: Die Speisekarte ist umfangreich, auch werktags gibt es Braten (evtl. gute Barberieentenbrust) mit Wirsing und Klößen. Fischgerichte (in der Saison Karpfen, manchmal frischer Zander) und Brotzeiten sind zu sehr fairen Preisen zu bekommen. Gästewünsche (z. B. Tagessuppe in halber Menge!) werden flexibel berücksichtigt. Biere von Greif in Forchheim.

Bierkeller im Forchheimer Kellerwald

Stand April 2021 stehen die Öffnungszeiten der Keller nach der Corona-Pandemie nicht sicher fest. Informieren Sie sich auf den Homepages oder telefonisch oder lassen Sie sich überraschen, auf welchem Keller Sie landen. In der Kellersaison von April bis Oktober sind täglich mehrere Keller geöffnet. Auch bei schlechtem Wetter und im Winter können Sie sich in den ganzjährig geöffneten Kellerwirtschaften kulinarisch verwöhnen lassen.

Eichorn-Keller	Auf den Kellern 17, Tel. 09191/60626, 0176/21931750, www.eichhorn-keller.de, Biere von Eichhorn in Forchheim.
Glocken-Keller	Auf den Kellern 36, Tel. 09191/14035, Biere von Rittmayer in Hallerndorf.
Greif-Keller	Auf den Kellern 9, Tel. 09191/14735, Biere von Greif in Forchheim.
Hebendanz-Keller	Auf den Kellern 22, Tel. 0160/90251346, www.hebendanz-keller.com, Biere von Hebendanz in Forchheim.

Neder-Keller Auf den Kellern 25, Tel. 09191/2885, Biere der Brauerei Neder in Forchheim.

Schaufel-Keller Auf den Kellern 12, Tel. 09191/66582, Biere von Löwenbräu in Buttenheim.

Schindler-Keller Auf den Kellern 28, Tel. 01512/8981267, Biere von Greif in Forchheim.

Schlößla-Keller Auf den Kellern 13, Tel. 0171/3666665, www.schloessla-keller.de, Biere von Hebendanz in Forchheim.

Schützenkeller Auf den Kellern 27, Tel. 09191/355388, www.schuetzenkeller-forchheim.de, Biere von den vier Forchheimer und weiteren Brauereien.

Weiß-Tauben-Keller Auf den Kellern 19, Tel. 0176/21931750, weisstaubenkeller-forchheim.de, Biere von Rittmayer in Hallerndorf.

Winterbauer-Keller Auf den Kellern 7, Tel. 09191/615235 1, Tel. 01578/2237995, www.winterbauerkeller.com, Biere von den vier Forchheimer und weiteren Brauereien.

Über die Lange Meile zur Brauerei Pfister und zum Schwarzes-Kreuz-Keller

3

Pretzfeld – Rüssenbach – Niedermirsberg – Lange Meile – Weigelshofen – Schwarzer Keller – Kauernhofen – Eggolsheim

Weglänge: 19 km (ohne Brauereigasthof Pfister 17 km)
Aufstieg / Abstieg: 370 hm / 400 hm
Reine Gehzeit: 5 ¼ Stunden
Start: Bahnhof Pretzfeld. Bahnstrecke Forchheim – Ebermannstadt, Verkehrsverbund Großraum Nürnberg (VGN). Stündliche Zugverbindung. Gute Anschlüsse in Forchheim bei Anfahrt von Nürnberg bzw. Bamberg.
Ziel: Bahnhof Eggolsheim. Bahnstrecke Nürnberg – Bamberg. Stündlich eine S-Bahn in beide Richtungen.
Gelände: Längere Anstiege von Niedermirsberg auf die Lange Meile und von Weigelshofen zum ehemaligen Schwarzen Keller. Die abwechslungsreiche, oft auch aussichtsreiche Wanderung führt durch das Wiesenttal, an Obstbaumhängen bei Rüssenbach entlang, über die karge Hochfläche der Langen Meile und durch Wald und Flur nach Eggolsheim.
Karte: Wanderkarte des Bayerischen Landesvermessungsamts Naturpark Fränkische Schweiz/Veldensteiner Forst im Maßstab 1:50 000 oder Fritsch Wanderkarte Naturpark Fränkische Schweiz Blatt Süd auch im Maßstab 1:50 000.
Empfohlene Jahreszeit: Ganzjährig, aber eher nicht an sehr heißen Tagen, da die Strecke relativ lang und oft ohne Schatten ist.

Bei der Anfahrt im Zug auf der Nebenstrecke nach Pretzfeld erblicken wir auf der linken Seite einen bewaldeten Höhenzug. Dies ist die „Lange Meile", ein Höhenrücken, der sich westlich des Wiesenttals auf einer Länge von mehr als 10 km bis Forchheim hinzieht. Auf ihm befindet sich die Fliegerschule Feuerstein. Oben am Berg sehen wir bei der Zugfahrt auch die Vexierkapelle (siehe Wanderung 2).

Die beiden Keller, die wir heute besuchen wollen, liegen auf der anderen Seite der Langen Meile. Wir müssen den bewaldeten Höhenzug überwinden, ehe wir den ersten Keller erreichen. Dieser, der Schwarze Keller, ist vom Dorf

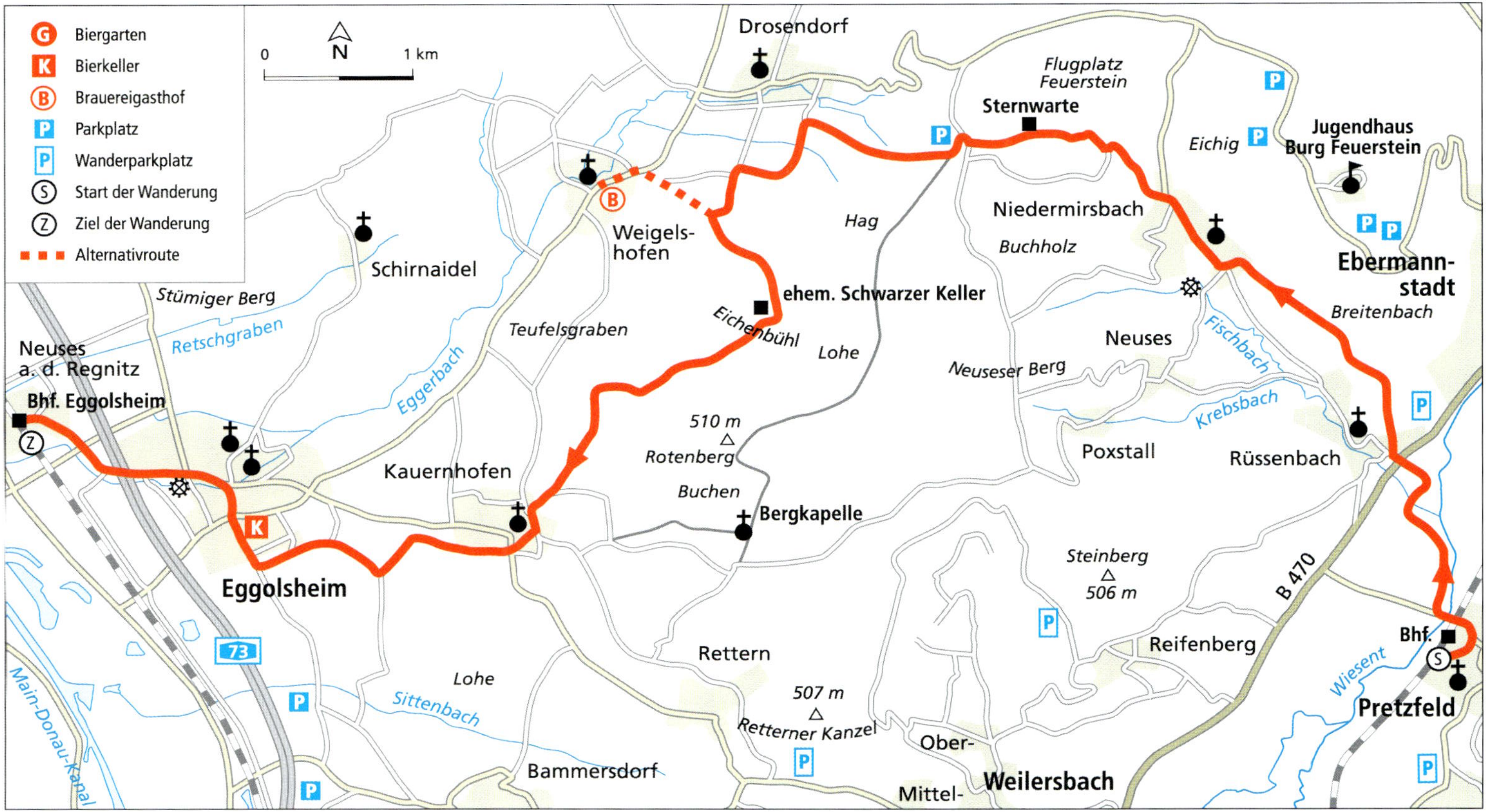

Biergarten
Bierkeller
Brauereigasthof
Parkplatz
Wanderparkplatz
Start der Wanderung
Ziel der Wanderung
Alternativroute
0
N
1 km
Drosendorf
Flugplatz Feuerstein
Sternwarte
Eichig
Jugendhaus Burg Feuerstein
Niedermirsbach
Buchholz
Ebermann-stadt
Breitenbach
Schirnaidel
Weigels-hofen
Hag
ehem. Schwarzer Keller
Stümiger Berg
Retschgraben
Teufelsgraben
Eichenbühl
Lohe
Neuses
Fischbach
Neuses a. d. Regnitz
Eggerbach
Neuseser Berg
Bhf. Eggolsheim
510 m
Rotenberg
Krebsbach
Kauernhofen
Poxstall
Rüssenbach
Buchen
Bergkapelle
Steinberg
506 m
B 470
Eggolsheim
Reifenberg
Bhf.
73
Rettern
Lohe
Wiesent
Sittenbach
507 m
Pretzfeld
Retterner Kanzel
Ober-
Main-Donau-Kanal
Bammersdorf
Weilersbach
Mittel-

3

Zu Beginn der Wanderung kommt man beim Pretzfelder Schloss an einer prächtigen Magnolie vorbei.

über zwei Kilometer entfernt. Er ist derzeit (Stand April 2021) nicht bewirtschaftet. Bis hier wieder Bier und Speisen angeboten werden, eignen sich die Tische und Bänke unter dem alten Baumbestand wunderbar als Picknickplatz. Der Eggolsheimer Keller, liegt am Dorfrand. Beide Keller entsprechen in ihrem Erscheinungsbild dem der fränkischen Dorfkeller, wie sie bei unseren Vorfahren üblich waren. Sie waren ursprünglich reine Sommerkeller für schönes Wetter. Daher besitzt der Schwarze Keller auch heute noch keinen vor Regen geschützten Bereich.

Zu essen gab es früher auf den Kellern höchstens eine Brotzeit. In diesem Punkt hat sich in den letzten Jahrzehnten viel geändert. Wanderer, Radler und Autofahrer aus der Stadt verlangten auch zu Mittag warmes Essen. Die Kellerwirte haben sich vielerorts diesen Wünschen angepasst, sodass manche Keller sich zu normalen Gartenwirtschaften entwickelt haben. Kellertypisch ist das nicht. Im Eggolsheimer Keller bietet man am Sonntag Braten und Klöße an. Letztlich ist die Essensfrage auch nicht so entscheidend. Ob mit fränkischer Brotzeit oder mit sonntäglichem Braten, man wird sich auf der Wandertour in schöner Landschaft, bei gutem Kleinbrauerbier und urtümlicher Bierkelleratmosphäre einfach sauwohl fühlen.

Wegbeschreibung

Dorfidylle in Rüssenbach.

Am *Bahnhof Pretzfeld* gehen wir ortseinwärts. Nach einer Brücke über den Mühlbach erreichen wir eine größere Straße, an der wir uns links halten. Wir überqueren das Bahngleis und die Wiesent. 25 Meter nach der Brücke biegen wir rechts in einen Feldweg ein (Markierung „Grüner Strich"). Dieses Wegzeichen führt uns weiter. Der Grasweg mit Fahrspuren wird erst schwächer, später dann breiter, schwenkt nahe der Wiesent nach rechts, wendet sich aber bald wieder nach links und bringt uns am östlichen Ortsende von *Rüssenbach* zur B 470, die wir überqueren.

Wir folgen ein Stück geradeaus der Ortsstraße bis zu der nächsten Kurve, wo wir uns rechts halten (Wohnstraße mit Radwegzeichen). Nach 60 Metern bei einer Wandertafel müssen wir links abbiegen (weiter Markierungszeichen „Grüner Strich"). Der Weg geht bergauf, schwenkt leicht nach links, geht an einem Anwesen vorbei und führt als breiter Feldweg den Berg hinauf. Bei einer Kapelle dürfen wir nicht rechts abbiegen, sondern steigen weiter bis zu einem breiten Querweg hinauf, dem wir nach links folgen. Ab hier begleitet uns längere Zeit die Markierung „Gelbe Raute" (auch Wegweiser zum Flugplatz). Bald erreichen wir eine größere Kreuzung. Die Markierung „Grünstrich" verlässt uns hier. Wir folgen der „Gelben Raute", die hier leicht nach rechts auf einem schmalen Pfad in einen kleinen Wald führt. Nach diesem geht es über eine Wiese, dann durch Obstbaumgelände und Viehweiden bis zum Beginn von *Niedermirsberg*, wo wir nach links zur Straße hinunterwandern. Wir halten uns hier rechts und durchschreiten das Dorf.

Blick vom Rüssenbacher Hang zum Walberla.

Am letzten Haus bei einer Straßenkurve folgen wir geradeaus der Markierung „Gelbe Raute" und gehen auf einer kleinen gepflasterten Straße längere Zeit kräftig bergauf. Oben auf der Langen Meile angelangt passieren wir die Sternwarte. Nach einer großen Scheune wird ein Sträßchen erreicht. Hier halten

3

Torhaus in Eggolsheim.

wir uns rechts, biegen aber nach 60 Metern wieder scharf links in einen unbefestigten Weg ab. Etwas versteckt sehen wir hier Wegweiser (unter anderem zum Schwarzen Keller) und die Markierung „Roter Punkt“.

Nach etwa 170 Metern geht rechts ein Weg mit der Markierung „Roter Strich auf weißem Feld“ ab. Hier steht ein Wegweiser „Gunzendorf – Friesener Warte“. Der Rotstrich-Markierung folgend laufen wir im Wald ziemlich steil und steinig bergab und achten auf die Markierung. Wir kommen auf breitem Waldweg in Wiesengelände und hier dann zu einem (zunächst) geteerten Flurbereinigungsweg, wo wir uns nach links halten. Der Weg macht vor einem Wäldchen eine Rechtskurve und führt zu einem nun wieder geteerten Querweg. Hier gehen wir links. Wenn dieser geteerte Weg nach wenigen Metern wieder nach rechts schwenkt verlassen wir ihn und gehen auf einem zunächst etwas geschotterten, dann grasbewachsenen Weg geradeaus. Er bringt uns, zuletzt mit einem Rechtsknick, zu einer kleinen Straße, die von Weigelshofen zum Keller führt.

Auf dieser gelangen wir rechts bergab zum knapp einen Kilometer entfernten Brauereigasthof Pfister in Weigelshofen. Wir kehren auf derselben Route zurück und folgen dann dem Sträßchen bergauf bis zum ehemaligen Schwarzen Keller.

Ab dem *Schwarzen Keller* folgen wir weiter dem Sträßchen und der Markierung „Rotes Dreieck“. Es geht eben bis leicht bergab bis zum Waldende (hier Blick zur

Das Schild steht auf dem Kopf, der Schwarze Keller ist derzeit leider geschlossen.

Senftenbergkapelle). Weiter hinunter erreicht man eine große Feldscheune. 20 Meter nach dieser halten wir uns links und wandern nun auf einem geschotterten Sträßchen eben dahin. Kurz vor dem Ortsbeginn von *Kauernhofen* laufen wir bei einer Einmündung nach rechts hinunter. Die kleine Teerstraße macht beim Ortsbeginn eine Linkskurve. Bei der im Ort erreichten Vorfahrtsstraße gehen wir nach rechts. Wir kommen an der Kirche vorbei. Gleich nach dieser bei der Kreuzung biegen wir links ein, einem Wegweiser nach Rettern folgend.

Am Ortsende bei einem Trafohaus halten wir uns rechts und befinden uns nun auf einem zunächst geteerten Weg, der an Gärten entlang führt. Bei einer Kreuzung laufen wir geradeaus und stoßen dann bei einem einzelnen Haus auf einen breiteren geteerten Weg, dem wir nach links folgen. Bei der nächsten Gabelung halten wir uns rechts. Nach etwa fünf Minuten folgt eine Linkskurve. Wir laufen danach gerade weiter bis *Eggolsheim* und erreichen hier eine Autostraße. Hier geht es rechts weiter. Bei der nächsten Straßenkreuzung kommen wir zu dem rechts an der Straße gelegenen Eggolsheimer *Schwarzes-Kreuz-Keller.*

Wir überqueren die Vorfahrtsstraße und laufen durch das Fachwerktorhaus hindurch und zu einer platzartigen Erweiterung der Straße weiter. Wir halten uns hier links und folgen der Straße, die an einem gemauerten Bachgraben entlang führt. Die A 73 wird nach dem Ortsende überquert. Bei einer Straßenabzweigung rechts folgen wir der Straße geradeaus zu den ersten Häusern des Ortsteils Neuses und zur *Bahnstation Eggolsheim* (ab Bierkeller 25 bis 30 Minuten).

Bierkellereinkehr bei der Wanderung an der Langen Meile

Brauereigasthof Nikl-Bräu, Egloffsteiner Straße 19, Pretzfeld

siehe Wanderung 4

Pretzfelder Keller

siehe Wanderung 4

Schwarzer Keller (bei Weigelshofen)

Stand April 2021 wird für den Schwarzen Keller ein neuer Pächter gesucht. Informieren Sie sich auf der Homepage oder telefonisch beim Brauereigasthof Pfister (siehe rechts [bzw. unten]), ob wieder geöffnet ist. Bis dahin kann auf dem schön und ruhig gelegenen Keller gepicknickt werden.

Schwarzes-Kreuz-Keller, Hauptstr. 33, Eggolsheim

Telefon: 0176/43066637
Internet: www.schwarzeskreuz-keller.de
Öffnungszeiten: Montag Ruhetag. Dienstag bis Samstag ab 17 Uhr, Sonntag ab 16 Uhr.

Lage: Die Brauerei Schwarzes Kreuz existierte von 1524 bis 2012. Der Bierkeller ist zum Glück noch in Betrieb. Er liegt zwar an einer viel befahrenen Straße. Die stört jedoch kaum, da eine hohe Mauer den Biergarten abschirmt. Alte Bäume spenden reichlich Schatten. Im rückwärtigen Teil gibt es auch sonnige Plätze und einen Kinderspielbereich.
Essen und Trinken: Brotzeiten und Bratwürste mit Kraut. Die Biere stammen von der Brauerei Greif in Forchheim und der Brauerei Krug in Breitenlesau. Am Wochenende weitere Biere aus der Region.

3

Brauereigasthof Pfister, Eggerbachstr. 22, Weigelshofen

Telefon: 09545/94260
Mail: pfister@pfister-weigelshofen.de
Internet: www.pfister-weigelshofen.de
Öffnungszeiten: Dienstag ist Ruhetag. Montag, Mittwoch und Donnerstag ab 17 Uhr, Freitag bis Sonntag ab 11 Uhr.

Lage: Der eher kleine Biergarten liegt weitgehend ruhig neben der Brauereiwirtschaft. Man sitzt an Bänken mit Lehnen und massiven Tischen, überwiegend im Baumschatten.
Essen und Trinken: Auch werktags gibt es warmes Essen, dabei auch Ausgefallenere wie Kalbstafelspitz mit Meerrettichsoße, saisonal Karpfen mit gutem Salat oder Pfifferlinge. Aus dem eigenen Garten stammen die Gewürzkräuter. Bratwürste und sonntags diverse Bratengerichte werden ebenfalls angeboten. Die Biere, sind im Haus (ökologisch!) gebraut.

Pretzfelder Rundweg zu kleinen Brauereien und ruhigen Biergärten

Pretzfeld – Hagenbach – Unterzaunsbach – Hetzelsdorf – Poppendorf – Hagenbach – Pretzfeld

4

Weglänge: 16 km (ohne Pretzfelder Keller 14 km)
Aufstieg / Abstieg: 340 hm / 340 hm
Reine Gehzeit: 4 ½ Stunden
Start und Ziel: Bahnhof Pretzfeld. Bahnstrecke Forchheim – Ebermannstadt, Verkehrsverbund Großraum Nürnberg (VGN). Stündlich eine Regionalbahn. Gute Anschlüsse in Forchheim von Nürnberg und Bamberg her.
Gelände: Überwiegend bequeme und meist gut markierte Wege. Zwischen Unterzaunsbach und Hetzelsdorf ist ein Bergrücken (180 Meter Anstieg) zu überwinden. Hier muss man gut auf die richtige Wegfindung achten. Nur kleinere Wegstrecken führen durch Wald.
Karte: Wanderkarte des Bayerischen Landesvermessungsamts Naturpark Fränkische Schweiz/Veldensteiner Forst oder Fritsch Wanderkarte Naturpark Fränkische Schweiz Blatt Süd; die beiden Karten sind im Maßstab 1:50 000.
Empfohlene Jahreszeit: Nicht an heißen Tagen. Am schönsten im Frühjahr (Kirschblüte Mitte April bis Anfang Mai).
Sehenswertes:
Pretzfeld: Die Pretzfelder Kirche wurde in den Jahren 1742 bis 1762 durch den Bamberger Baumeister Johann Michael Küchel erbaut und gilt als eine der schönsten Landkirchen des Gebiets. Im Inneren befindet sich eine reiche Ausstattung im Rokokostil. Das Schloss ist eine malerische ummauerte Anlage, die auf das 16. Jahrhundert zurückgeht. In ihm befindet sich die Gemäldesammlung des neoimpressionistischen Malers Curt Herrmann (nicht zugänglich).

Die Wanderung beginnt in Pretzfeld im Wiesenttal, führt uns durch das hübsche Trubachtal nach Unterzaunsbach und lässt uns einige Schweißtropfen beim bergigen Weg nach Hetzelsdorf hinüber vergießen. Alle drei Orte besitzen kleine Brauereien, deren Biere sehr empfehlenswert sind.

Pretzfeld ist ein sehenswerter uralter Ort, der heute Mittelpunkt eines großen Kirschenanbaugebiets ist. Diese Bäume, teilweise herrliche Hochstämme, wachsen überwiegend an den Hängen des Trubachtals. Oben am Berg, wo der Wald beginnt, finden wir an einem Hohlweg eine Kette von Bierkellern. Hier im schattigen Pretzfelder Kellerwald wird seit über 50 Jahren Mitte Juli das Pretzfelder Kirschenfest gefeiert (siehe www.kirschenfest-pretzfeld.de). Es erstreckt sich über fünf Tage und wird viel besucht, ist jedoch nicht so kommerzialisiert wie beispielsweise die Bergkirchweih in Erlangen. Wer im Monat Juli ein

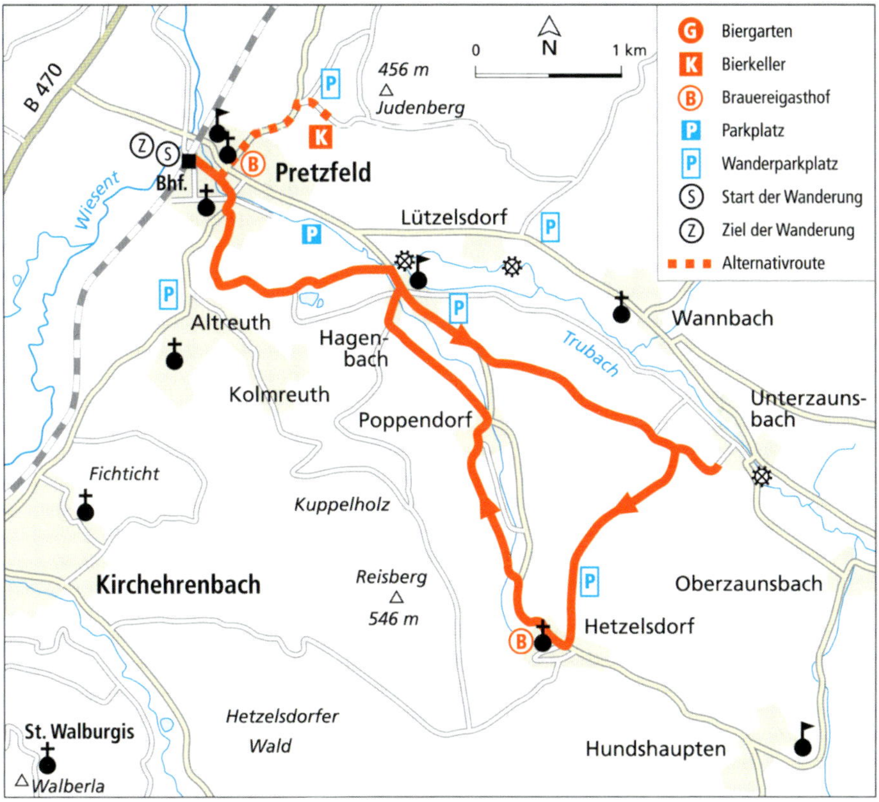

großes Sommerfest mit fränkischem Flair und regionaler Volksmusik erleben möchte, komme hierher. Auch außerhalb der Festzeit ist ein Bierkeller am Berg geöffnet. Da die Wanderung nicht sehr groß ist, kann man bei der Rückkehr nach Pretzfeld noch zu den Kellern hinaufsteigen (hin und zurück etwa 40 Minuten). Seit 2021 werden hier die Biere der ortsansässigen Brauerei Nikl ausgeschenkt.

An der Trubach beim Weg nach Hagenbach.

Wegbeschreibung

4

Am *Bahnhof Pretzfeld* gehen wir ortseinwärts durch die Bahnhofstraße und dann beim Schloss rechts an der Trubach entlang bis zu dem Platz, an dem links hinten die Kirche steht. Hier biegen wir rechts ab und folgen dem Straßenwegweiser in Richtung Kirchehrenbach. Nach einer Kurve wird auf einer Brücke die Trubach überquert. 100 Meter laufen wir noch an der Autostraße weiter und biegen dann links in die Brunnenstraße ein. Zahlreiche Markierungszeichen, darunter die für uns maßgeblichen „Blauer Strich" und „Grüner Strich", sind hier angebracht. Außerhalb des Orts geht es nach rechts über einen Steg. Bei der nächsten Kreuzung laufen wir nach links. Auf einem kleinen Sträßchen (ohne Autoverkehr) erreichen wir *Hagenbach*.

Nach rechts gehen wir auf der Straße durch den Ort. Rechts liegt das Schloss Hagenbach. Um nach Unterzaunsbach zu kommen gibt es zwei Möglichkeiten. Wir könnten beim Schloss links in eine Ortsstraße einbiegen. Die Markierung ist hier der „Blaue Strich". Der Weg ist auch außerhalb des Ortes noch geteert und führt im Tal bis Unterzaunsbach.

Lohnender ist es auf dem aussichtsreichen Weg am Hang nach Unterzaunsbach zu wandern. Zu diesem Zweck folgen wir der Autostraße durch Hagenbach. 600 Meter nach dem Schloss macht die Straße einen Knick nach rechts; hier gehen wir links von der Straße abbiegend auf einem breiten Weg bergauf (Markierungstäfelchen „Grüner Strich"). Oben an der Waldecke fehlt das Zeichen, es geht hier halblinks auf immer noch befestigtem Weg eben weiter. Man erreicht ein Wäldchen. In diesem kreuzen markierte Wege den unsrigen. Wir laufen geradeaus. Ein paar Minuten nach Verlassen des Wäldchens wird eine Kreuzung erreicht. Hier steht eine Bank mit Tisch. Nach rechts führt ein breiter Feldweg bergauf. Dies wird später unser Weiterweg sein. Um den

Die Wanderung beginnt und endet im schönen Pretzfeld.

Brauerei Meister zu erreichen gehen wir an der Kreuzung geradeaus weiter und kommen in wenigen Minuten nach *Unterzaunsbach*. Der *Brauerei Meister* liegt in der Ortsmitte.

Wir laufen zu der Kreuzung mit Bank und Tisch zurück und wandern hier ziemlich steil bergauf. Wir sehen unser neues Markierungszeichen „Blauer Ring". Am Waldrand führt der breite, zuerst noch gepflasterte, dann geschotterte Weg etwas nach links. Nach 100 Metern geht es nach rechts in den Wald hinein. Hier ist der Weg fast eben. Nach 150 Metern müssen wir darauf achten, dass der „Blaue Ring" links abbiegt und uns auf einem einfachen Weg recht steil mit Kurven bergauf führt. Ein breiterer Weg wird erreicht, wir überqueren ihn geradeaus und steigen weiter steil bergan. Oben angekommen erreichen wir eine Aufgabelung auf zwei schwach ausgeprägte Waldwege (Markierung fehlt). Wir folgen dem rechten Weg, der nun oben an der Hangkante entlang verläuft. Er führt zu einer kleinen Waldstraße, an der wir uns links halten. Nach Verlassen des Waldes kommen wir leicht bergab nach *Hetzelsdorf*. An der Ortsstraße halten wir uns rechts und erreichen ein Stück bergab in Höhe der Kirche den *Gasthof Penning-Zeissler*.

Gleich unterhalb des Gasthauses führt rechts eine Straße zum Friedhof. Hier gehen wir weiter. Unsere neue Markierung ist der „Grüne Punkt". Am Ende der Straße bei einer Wendekehre wandern wir leicht links auf einem grasigen Weg hinter den Häusern entlang. Der anschließende Waldweg fällt etwas ab. Bei einer Gabelung gehen wir leicht links. Wir erreichen die Straße von Hetzelsdorf nach Hagenbach, auf der wir bis zum Waldende weiterlaufen. Dort folgen wir links einem ungeteerten Feldweg (weiter „Grüner Punkt"), der uns nach *Poppendorf* bringt. Beim Ortsbeginn laufen wir nach rechts zum Gemeindehaus und zum Brunnen hinunter. Hier geht es links herum und mit dem Zeichen „Grüner Punkt" weiter bis *Hagenbach*. Dort wan-

Kirschengärten bei Hagenbach.

dern wir auf der Dorfstraße in die Ortsmitte zum *Gasthof Richter*. Hier halten wir uns links. Den restlichen Weg bis zum Bahnhof Pretzfeld kennen wir bereits.

Für den eventuellen *Abstecher zum Pretzfelder Keller* gehen wir bei dem Platz in der Ortsmitte zur Kirche hin und folgen dann der Straße in Richtung Ebermannstadt für gut 10 Minuten. Am Waldbeginn bei einem kleinen Parkplatz führt rechts die Waldstraße zu den Kellern hinauf. Der Brauereigasthof Nikl liegt von der Ortsmitte 150 Meter entfernt an der Straße Richtung Hagenbach und Egloffstein.

Biergärten auf der Pretzfelder Rundwanderung

Brauerei Meister, Unterzaunsbach 8, Pretzfeld

Telefon: 0 91 94/91 26

Mail: brauerei.meister@t-online.de

Internet: www.meisterbräu.de

Öffnungszeiten: Stand April 2021 sind die Wirtschaft und der Biergarten geschlossen. Informieren Sie sich auf der Homepage oder telefonisch, ob sich das geändert hat. Der Bierverkauf der Brauerei ist Montag bis Freitag von 8 bis 16.30 Uhr geöffnet. Außerhalb dieser Zeiten steht ein gefüllter Getränkekühlschrank im Hof.

Brauereigasthof Penning-Zeissler, Hetzelsdorf 9, Pretzfeld

Telefon: 0 91 94/252

Öffnungszeiten: Montag und Dienstag ist Ruhetag. Mittwoch bis Freitag ab 16 Uhr, am Wochenende ab 11 Uhr geöffnet.

Lage: Der Biergarten, von Rosen und Büschen eingerahmt, liegt auf einer gepflasterten Terrasse vor dem Haus. Er besitzt sonnige und unter zwei großen Bäumen auch schattige Plätze. Die ein Stück weit entfernte Ortsstraße stört kaum.

Essen und Trinken: Brotzeiten, kleine Karte mit warmen Gerichten, am Sonntag Braten und Klöße. Die Biere stammen aus der eigenen Brauerei nebenan. Besonders beliebt ist das dunkle Vollbier. Daneben gibt es unfiltriertes Lagerbier, Pils, Hefeweizen und bisweilen Fest- und Bockbiere.

Brauereigasthof Nikl-Bräu, Egloffsteiner Straße 19, Pretzfeld

Telefon: 09194/725025
Internet: www.brauerei-nikl.de
Öffnungszeiten: Stand April 2021 ist Montag bis Donnerstag geschlossen, Freitag bis Sonntag ab 10 Uhr geöffnet. Informieren Sie sich auf der Homepage oder telefonisch nach den aktuellen Öffnungszueiten.
Lage: Die „kleinste Handwerksbrauerei in der Fränkischen Schweiz" existiert seit Oktober 2008. Gebraut wird im ehemaligen Schweinestall, die Gasträume befinden sich im ehemaligen Kuhstall. Dank des Umbaus merkt man davon nichts mehr. Im Hof gibt es Plätze in der Sonne und im Schatten.

Essen und Trinken: Brotzeiten, warme Gerichte und Spezialitäten wie Schäuferla in Dunkelbiersoße oder Biergulasch. Auch Vegetarier und Veganer müssen nicht verhungern. Ausgeschenkt werden ein helles Lagerbier, ein dunkles Kellerbier und ein Weizen – allesamt vom Fass und aus er eigenen Brauerei.

Die Biere der Brauerei Nikl gibt's auch zum Mitnehmen.

Pretzfelder Keller

Telefon: 09194/725027 und 09194/725025
Internet: www.pretzfelderkeller.de
Öffnungszeiten: In der Kellersaison (etwa Mitte April bis Ende September) Montag bis Freitag ab 16 Uhr, Samstag und Sonntag ab 11 Uhr.
Lage: Der Pretzfelder Keller liegt am Hang des Kellerbergs, etwa 20 Minuten von der Ortsmitte entfernt. Man sitzt hier absolut ruhig an Tischen und Bänken mit Lehnen, teilweise auch unter Bäumen und genießt den hübschen Blick ins Wiesenttal. Ein Kinderspielplatz ist auch vorhanden. Am Berg verstreut liegen zahlreiche alte Bierkeller, bei denen im Juli das Kirschenfest stattfindet.
Essen und Trinken: Neben den auf fränkischen Bierkellern üblichen Brotzeiten gibt es auch vegetarische und vegane Speisen. Die Lebensmittel stammen nach Möglichkeit von regionalen Erzeugern. Ausgeschenkt werden die Biere der Brauerei Nikl unten im Ort. Es soll auch ein spezielles Kellerbier gebraut werden, das etwas leichter ist als das helle Lagerbier und das dunkle Kellerbier „Michaela". Dann kann man an einem warmen Sommertag schon mal eine Halbe mehr trinken.

Liebliche Täler, weite Hochflächen und reichlich Einkehrmöglichkeiten

Egloffstein – Hohenschwärz – Haidhof – Burgstall Schlossberg – Thuisbrunn – Todsfelder Tal – Egloffstein

5

Weglänge: 16 km
Aufstieg / Abstieg: 300 hm / 300 hm
Reine Gehzeit: 4 ¼ Stunden
Start und Ziel: Wanderparkplatz oder Busbahnhof am Ortsrand von Egloffstein. Täglich mehrere Busverbindungen ab/zu den Bahnhöfen in Gräfenberg und Forchheim. Fahrplanauskunft unter www.vgn.de und www.bahn.de.
Gelände: Äußerst abwechslungsreich. Tal mit Flüsschen, Wälder, Hochflächen mit landwirtschaftlicher Nutzung, Dörfer und ein Aussichtsberg.
Karte: Fritsch Wanderkarte Naturpark Fränkische Schweiz Blatt Süd oder Wanderkarte des Bayerischen Landesvermessungsamts Naturpark Fränkische Schweiz/Veldensteiner Forst oder Wanderkarte des Bayerischen Landesvermessungsamts Nürnberger Land/Frankenalb, alle im Maßstab 1:50 000.
Empfohlene Jahreszeit: Frühjahr bis Herbst. Im Hochsommer jedoch nicht zu empfehlen, da der größere Teil der Tour durch offenes Gelände führt. Der Weg durchs Todsfelder Tal und hinauf nach Hohenschwärz kann im Winter lange schneebedeckt und vereist sein.
Sehenswert:
Egloffstein: Pittoreskes touristisches Zentrum im Trubachtal. Fachwerkhäuser, schmale Gassen und die Burg Egloffstein mit der Burgkirche St. Bartholomäus hoch über dem Ortskern laden zum Verweilen ein. Beschilderter historischer Rundweg. Information: www.egloffstein.de
Schlossberg bei Haidhof: 569 m hoher Berg mit dem Burgstall der ehemaligen Spornburg. Schöner Ausblick und Picknickplatz.
Thuisbrunn: Sympathisches Bauerndorf mit nicht zugänglicher Burgruine. Schöner Ausblick vom Burgfelsen. Information: www.thuisbrunn.com

Hochaufragend steht die Burg von Egloffstein auf einem Felsensporn.

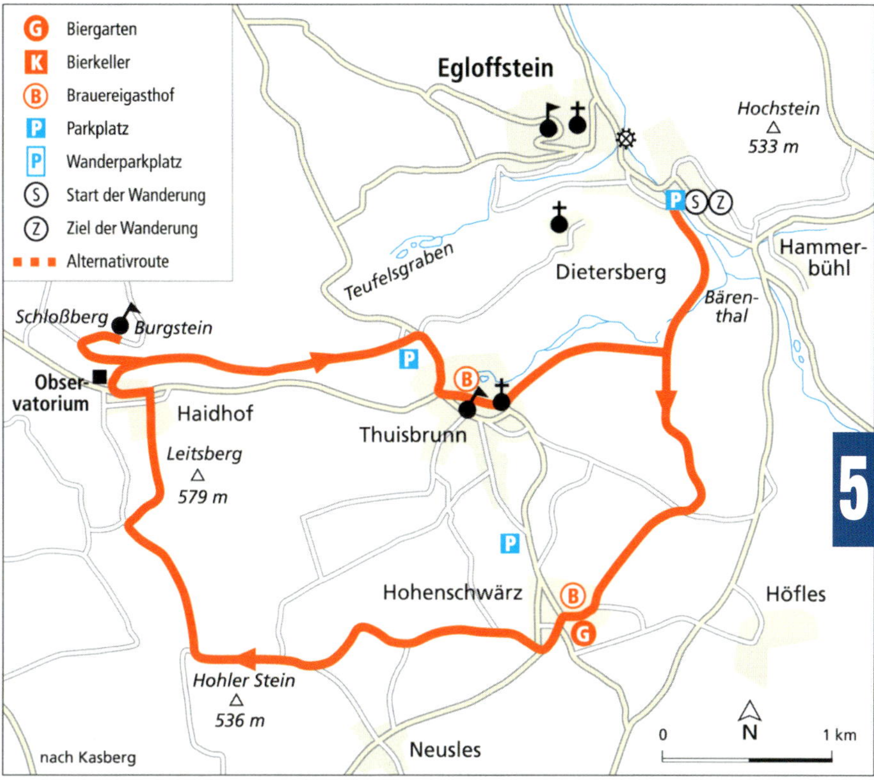

5

Die Gegend zwischen Weißenohe, Egloffstein und dem oberen Trubachtal ist bei Ausflüglern sehr beliebt. Sie ist von Nürnberg wie auch von Forchheim aus mit dem Auto oder den öffentlichen Verkehrsmitteln gut zu erreichen. Mit ihren Wiesen, Seitentälern, Felsformationen, Burgen, Mühlen, Ortschaften und Brauereien bietet sie eine fast unüberschaubare Anzahl an Attraktionen.

Die hier beschriebene Wanderung ist eine abwechslungsreiche Alternative zum am Wochenende bei schönen Wetter oft überlaufenen Fünf-Seidla-Steig zwischen Weißenohe und Thuisbrunn. Dabei kommen wir auch an zwei der fünf Brauereien (Brauerei Hofmann in Hohenschwärz und Elch-Bräu in Thuisbrunn) des Steigs vorbei.

Im Todsfelder Tal blühen die Sumpfdotterblumen.

5

Nach einem obligatorischen Rundgang in Egloffstein laufen wir zunächst an einem von Büschen überschatteten Bewässerungskanal entlang. Zu unserer Linken rauscht noch kurz die Trubach, ehe wir ins Todsfelder Tal, eines der schönsten Seitentäler der Fränkischen Schweiz, abbiegen. Nach knapp der Hälfte des Tals (den Rest sehen wir auf dem Rückweg am Ende der Wanderung) steigen wir durch dichten Wald zur Hochfläche und nach Hohenschwärz auf. Wer bereits durstig und hungrig ist kann zwischen fränkischer und thailändischer Küche wählen.

Der Weg nach Haidhof ist von landwirtschaftlichen Nutzflächen und kleinen Wäldchen geprägt. Mit dem Hotel Schloßberg gibt es auch in Haidhof eine Einkehrmöglichkeit. Zum nördlich des Orts gelegenen 569 m hohen Schloßberg ist es nicht mehr weit. Von der Burg sind zwar nur noch Mauerreste erhalten, der Blick von dem markanten Dolomitenfelsen entschädigt jedoch für die Mühen des Aufstiegs.

Auf einem Feldweg wandern wir im Anschluss leicht bergab nach Thuisbrunn. Der Ort wurde im Jahr 1007 zum ersten Mal urkundlich erwähnt. Die schon von Weitem sichtbare Burg ist seit 1961 in Privatbesitz. Ein Abstecher lohnt wegen der Aussicht vom Burgfelsen trotzdem. In Thuisbrunn können wir Hunger und Durst im Brauereigasthof Seitz oder im Bauernladen stillen.

Zwischen Thuisbrunn und Haidhof.

Wegbeschreibung

Auf dem Haidberg.

Vom Busbahnhof und Wanderparkplatz in Egloffstein laufen wir über die Trubachbrücke und biegen links auf den Wanderweg ab. Diesen Einstieg erreicht man vom Ortskern, indem man der Hauptstraße in südöstlicher Richtung folgt. Unser Weg mit der Markierung „Grüner Ring" führt zunächst an einem kleinen Bewässerungsgraben entlang.

Direkt nach dem Zusammenfluss dreier Bäche wählen wir den rechten Weg und biegen wenig später auf den Pfad mit dem Wanderzeichen „Blaues Kreuz" links ab. Dieser führt uns bis zu einem Flurbereinigungsweg steil bergan. Auf diesem geht es kurz nach rechts und gleich wieder nach links. Wir folgen weiterhin der Markierung bis wir den Ort *Hohenschwärz* erreichen.

Bierausschank aus dem Lagerkeller (Elchbräu Thuisbrunn).

Gehen wir an der Hauptstraße nach rechts, kommen wir rasch zum Brauereigasthaus Hofmann. Für unseren Weiterweg folgen wir jedoch der Hauptstraße kurz nach links, also in südlicher Richtung. Noch im Ort teilt sich die Hauptstraße. Wir wählen die rechts nach Neusles abzweigenden Straße und passieren bald das Phuangtong Thai Restaurant mit mit dem schönen Biergarten. Direkt nach dem Lokal biegen wir rechts ab. Für die kommenden 4 km bis *Haidhof* orientieren wir uns an der Markierung „Gelber Diagonalstrich".

Dort biegen wir an der Hauptstraße links ab und erreichen sogleich einen Wanderparkplatz. Hier gehen wir auf dem geteerten Weg bergab. Bei der ersten Gelegenheit links auf einen geschotterten Fahrweg. Im Wald halten wir uns an einer Forststraße links. Nach gut 300 Metern nehmen wir rechts den Pfad hinauf bis zum *Schloßberg*.

Eine Musikgruppe auf dem Keller (Elchbräu).

Auf selben Weg gehen wir zurück, bis wir aus dem Wald treten. Hier steigen wir nicht zurück hoch nach Haidhof, sondern wenden uns links dem breiten Feldweg zu, der uns mit der Markierung „Grüner Ring" nach *Thuisbrunn* bringt.

5

Beim *Gasthaus Seitz* im Ortskern laufen wir auf der Hauptstraße in östlicher Richtung und biegen in die erste Straße links ein. Wir passieren den Friedhof und die Katharinenkirche. Nach links kann man einen Abstecher zur Aussichtsplattform der Burg machen.

Nach der Kirche wandern wir in nordöstlicher Richtung hinab ins idyllische *Todsfelder Tal*. Bald erreichen wir den Zusammenfluss der drei Bäche, die wir bereits am Anfang unserer Tour überquerten. Von hier aus geht es auf bekanntem Weg zurück nach *Egloffstein*.

Biergärten und Einkehrtipps

Brauereigaststätte Hofmann, Hohenschwärz 16, Gräfenberg-Hohenschwärz

Die Brauerei Hofmann wurde 1897 gegründet und wird als Familienbetrieb in der fünften Generation geführt.
Telefon: 09192/251
Internet: www.brauerei-hofmann.de
Öffnungszeiten: Montag und Dienstag ist Ruhetag. Mittwoch bis Sonntag ab 9.30 Uhr.
Lage: Der Biergarten befindet sich auf der Terrasse hinter dem Haus.
Essen und Trinken: Es werden typisch fränkische Gerichte serviert. Auf Sonderwünsche, etwa für Vegetarier, wird gerne eingegangen. Am ausgezeichneten Preis-Genuss-Verhältnis und dem dunklen untergärigen Bier namens „Hofmannstropfen" dürfte es liegen, dass sich die Brauereigaststätte bei den Einheimischen und auch bei den Wanderern großer Beliebtheit erfreut.

Phuangtong Thai Restaurant, Hohenschwärz 5, Gräfenberg-Hohenschwärz

Telefon: 0 91 92/9 95 26 04

Internet: phuangtong.buchwaldstueberl.de

Öffnungszeiten: Mittwoch ist Ruhetag. An den anderen Tagen ist von 11 bis 14 Uhr und ab 17 Uhr geöffnet.

Lage: Der Garten mit alten Obstbäumen ist ruhig und schön gelegen.

Essen und Trinken: Im ehemaligen Buchwaldstüberl werden nun thaländische Spezialitäten serviert. Neben Fleisch- und Fischgerichten gibt es Vegetarisches und Veganes mit Tofu. Wer keinen Hunger hat, kann auch nur etwas trinken.

Brauereigasthof Seitz (Elch-Bräu), Thuisbrunn 5, Gräfenberg-Thuisbrunn

Telefon: 0 91 97/2 21

Internet: www.gasthof-seitz.de

Öffnungszeiten: Montag, Mittwoch und Donnerstag ist Ruhetag. Dienstag und Freitag bis Sonntag von 10 bis 22 Uhr geöffnet.

Lage: Das Anwesen mit den auffallenden, rot-weiß gestrichenen Fensterläden ist seit 1924 ein erfolgreicher Gasthof. Wahrscheinlich gab es hier schon Ende des 16. Jahrhunderts ein Wirtshaus mit Brauerei. In den urigen Gasträumen und im ruhigen Biergarten mit Blick auf die Thuisbrunner Kirche verweilt man gerne.

Essen und Trinken: Hier lässt man sich gutbürgerliche Küche, Fischgerichte und Spezialitäten vom heimischen Wild schmecken. Seit 2007 wird nach 100-jähriger Pause auch wieder gebraut (unter dem Namen „Elch-Bräu“). Vor allem das prämierte dunkle Kellerbier sollte man sich nicht entgehen lassen.

Weitere Einkehrmöglichkeiten

In Egloffstein und im Hotel Schloßberg in Haidhof.

Der Karteltisch des Teufels, Brauereien und Miniwasserfälle

Gräfenberg – Teufelstisch – Weißenohe – Dorfhaus – Lillachtal – Lillachquelle – Sollenberg – Gräfenberg

Weglänge: 14 km
Aufstieg / Abstieg: 370 hm / 370 hm
Reine Gehzeit: 4 Stunden
Start und Ziel: Bahnhof Gräfenberg. Gräfenbergbahn Nürnberg Nordost – Gräfenberg (VGN, Linie R21). Stündliche Zugverbindung. Zum Nordostbahnhof gelangt man in wenigen Minuten mit der U 2 ab Hauptbahnhof Nürnberg.
Gelände: Viel Abwechslung. Offenes Gelände, Buschlandschaft, Wald am Bach sowie Obsthanggelände. Der größte Teil der Wegstrecke ist gut markiert.
Karte: Fritsch Wanderkarte Naturpark Fränkische Schweiz Blatt Süd oder Wanderkarte des Bayerischen Landesvermessungsamts Naturpark Fränkische Schweiz/Veldensteiner Forst oder Wanderkarte des Bayerischen Landesvermessungsamts Nürnberger Land/Frankenalb, alle im Maßstab 1:50 000.
Empfohlene Jahreszeit: Zur Obstbaumblüte im April und Mai sowie im Herbst
Sehenswertes:
Gräfenberg: Das früher zu Nürnberg gehörende mittelalterliche Städtchen besitzt noch drei der ehemals vier Stadttore. Schöner Marktplatz mit Brunnen und Rathaus (mit Erker und barocker Bemalung).
Weißenohe: Ehemaliges Benediktinerkloster mit Barockkirche.
Lillachtal: Reizvolles Laubwaldtal mit hochinteressanten Kalksinterstufen.

Für den Großraum Nürnberg ist die Gegend um Gräfenberg ein lohnendes, da nahes Ausflugsziel. Die über Jahre hinweg stillgelegte Bahnlinie vom Nordostbahnhof Nürnbergs nach Gräfenberg wurde wieder in Betrieb gesetzt, wird auch am Wochenende stündlich befahren und erfreut sich bei Ausflüglern, Wanderern und Radfahrern großer Beliebtheit.

Auf engem Raum gibt es um Gräfenberg herum viel zu sehen. Da ist zum einen dieses Städtchen selbst zu nennen, das auf den Besucher anheimelnd wirkt, vor allem im Bereich des lang gestreckten Marktplatzes. Die Bausünden der zweiten Hälfte des 20. Jahrhunderts sind hier erfreulicherweise kaum zu finden. Besonders lohnt es sich, den mit Informationstafeln versehenen Altstadtrundgang zu machen. Attraktiv macht Gräfenberg auch der Umstand, dass zwei Landbrauereien hier ansässig sind und gutes Bier ausschenken.

Nach Verlassen von Gräfenberg laufen wir auf angenehmen und abwechslungsreichen Pfaden zum 534 m hohen Eberhardsberg, an dem sich der sogenannte Teufelstisch befindet, ein tischförmiges Steingebilde, das durch die unregelmä-

6

ßige Verwitterung des Kalkgesteins entstanden ist. Wie uns eine Tafel dort erklärt, hat sich hier ein (beim Volk offenbar unbeliebter) Ritter von Gräfenberg mit einigen weiteren dubiosen Gefährten zum Kartenspiel getroffen. Zu später Stunde wurde die Runde durch einige Abgesandte der Hölle noch verstärkt. Die Kartler haben sich, wie das auch heute noch beim Kartenspiel vorkommen soll, durch Lärm und derbe Flüche bemerkbar und (zumindest bei der Geistlichkeit) unbeliebt gemacht. Ein frommer Mönch hat schließlich diesem ordnungswidrigen Treiben ein Ende bereitet. So können wir heute den Teufelstisch ohne Belästigungen passieren.

Das Rathaus von Gräfenberg.

Auf dem Weg nach Weißenohe wandern wir durch Streuobstwiesen.

6

Hinab zur Klosterbrauerei Weißenohe führt unser Weg auch durch Obstbaumgelände. Anders als sonst heute vielfach üblich, werden die Streuobstbestände (vor allem Kirschen) hier noch genutzt und das Obst einer Verwertung in Igensdorf zugeführt. Insbesondere zur Blütezeit im April und Mai ist der Weg durch die Obstgärten ein Augenschmaus.

Am Weg zurück nach Gräfenberg kommen wir zu einer Natursehenswürdigkeit ersten Ranges, den Sinterstufen der Lillach. Das kalkhaltige Wasser des Flüsschens hat hier auf einer Länge von mehreren hundert Metern durch Ausfällung des Kalks kleine Terrassen gebildet, über die der Bach in Miniwassserfällen hinabstürzt. Zwischen den einzelnen Stufen befinden sich flache Gumpen mit ruhigem Wasser, in denen im Frühjahr die Sumpfdotterblumen blühen.

Erfrischung in der Lillach.

Wegbeschreibung

Am *Bahnhof Gräfenberg* wenden wir uns links dem Ort zu. Wenn die Straße nach 100 Meter eine Linkskurve macht, steigen wir auf einem Treppenweg hinauf zum Ortskern. Oben angelangt gehen wir nach links auf das Hiltpoltsteiner Tor zu. Vor dem Tor lädt *Friedmanns Bräustüberl* zu einer frühen Einkehr ein, dahinter taucht gleich der Marktplatz auf.

Hier gehen wir (ggf. nach einem Stadtrundgang) weiter geradeaus und stoßen auf eine recht befahrene Straße (rechts sehen wir die *Brauereigaststätte Lindenbräu*). Wir laufen nach links und folgen dem Verkehrsschild der Straße bergauf in Richtung Guttenburg. Nach einigen Minuten bei einem Schild, das zur katholischen Kirche weist, biegen wir links in den Teufelstischweg ein. Die Markierungen „Grüner Ring" und „Blauer Ring" sind hier vorhanden, nach dem letzten Haus auch das Zeichen „Blauer Strich". Nach einem Ziegengehege wandern wir auf einem Schottersträßchen im Wald bergauf. Oben geht es ein kleines Stück an einer Wiese entlang und dann mit „Blaustrich" scharf nach links. Dann müssen wir aufpassen! Wo der befahrbare Weg bergab zu gehen beginnt, müssen wir rechts in einen schmalen Fußweg einbiegen. Die Markierung „Gelber Strich" kommt zum „Blauen Strich" hinzu. Man folgt dann dem Wegweiser zum *Teufelstisch*, den man auf einem Fußpfad an Felsen vorbei erreicht.

Marktplatz und Rathaus in Gräfenberg.

Naturdenkmal Sinterterrassen im Lillachtal.

6

Kurz darauf erreichen wir den Eberhardsberg, auf dem ein Tisch und Bänke zum Picknicken einladen. Anschließend laufen wir 100 Meter leicht bergab und erreichen ein Waldsträßchen. Diesem folgen wir scharf links. Wenn das Sträßchen aus dem Wald tritt und eine weite Kurve nach rechts macht, biegen wir im Kurvenknick in den unmarkierten Weg nach links ein. Dieser führt nach gut 100 Meter in den Wald. Wir orientieren uns aber am Waldrand und laufen über eine Obstbaumwiese (schöner Blick auf Weißenohe) bis zu einem Zaun und einem Weg. Diesen laufen wir bergab Richtung *Weißenohe*. Nach dem Fußballplatz gelangen wir auf der Bahnhofsstraße bis zur B 2. Wir überqueren diese und gehen in den Ort hinein.

Bald kommt man zu einer Gabelung mit platzartiger Erweiterung (links sind es nur noch wenige Meter zum *Wirtshaus Klosterbrauerei Weißenohe*). Hier halten wir uns nach rechts. Kurz darauf schwenkt unsere Straße rechtwinklig nach links und führt eine längere Strecke geradeaus. Am Ende des Ortes wird die Lillach erreicht, über die es mit einer Rechtskurve hinweggeht. Wir folgen nun der wenig befahrenen Straße, die uns nach *Dorfhaus* bringt. Wir kommen beim *Gasthaus zum Lillachtal* vorbei. Anschießend folgen wir dann den Markierungen „Gelber Strich", „Frankenweg" und dem Wegweiser in Richtung Lillachquelle. Nach etwa 10 Minuten werden die ersten *Sinterstufen* erreicht (verschiedene lesenswerte Erläuterungstafeln).

„Karteltisch des Teufels".

Wir bleiben im schönen Talgrund, immer unweit des Baches, kommen bei weiteren Sinterstufen vorbei und erreichen die Lillachquelle. Hier folgen wir dem Wanderweg mit der Markierung „Blauer Punkt". Er führt uns kurz bergan und dann nach links. Es geht oberhalb des Lillachtals durch Wald. An einer Forststraße halten wir uns rechts. 150 Meter später verlassen wir sie nach links. Nach dem Wald geht es längere Zeit an dessen Rand entlang. Man kommt später hinunter zu einer von Weißenohe kommenden Teerstraße und geht auf dieser für etwa 50 Meter nach rechts bergauf. Dann biegen wir nach links in eine Wohnsiedlung (Ortsteil *Sollenberg*) ein. Der „Blaue Punkt" ist noch vorhanden.

Im Gasthaus zum Lillachtal gibt es auch vegane und vegetarische Speisen.

6

Wenn der Weg mit dem „Blauen Punkt" die Wohnbebauung hinter sich lässt und bergab führt, verlassen wir diesen und laufen nach rechts in der Wohnsiedlungsstraße weiter. Nach dem Ende der Bebauung wandern wir geradeaus auf einem Sträßchen, das am Wald entlang geht. Am Ende des kleinen Waldes bei einer Gabelung gehen wir links und laufen auf befestigtem Weg bis zu den ersten Häusern von *Gräfenberg*.

Der Wohnstraße folgen wir geradeaus bergab. Ziemlich unten, etwa 150 Meter vor der B 2, wenden wir uns links und folgen einem Treppenweg hinunter zur B 2, die vorsichtig überquert wird. Weiter geradeaus kommen wir an der Brauerei Friedmann vorbei (direkt danach führt rechts ein Treppenweg zum Biergarten zum Bergschlösschen hinauf) und gelangen ins Ortszentrum von Gräfenberg. Von hier kehren wir auf bereits bekanntem Weg zurück zum Bahnhof.

Weißenohe: Klostergebäude und Kirche von Süden.

Biergärten und weitere Einkehrtipps zur Gräfenbergwanderung

Friedmanns Bräustüberl, Bayreuther Straße 14, Gräfenberg

Telefon: 09192/992318
Internet: www.friedmanns-braeustueberl.de und www.brauerei-friedmann.de
Öffnungszeiten: Montag und Dienstag ist Ruhetag. Mittwoch ab 17 Uhr, Donnerstag bis Sonntag ab 11 Uhr.
Lage: Brauereigaststätte mit sehr uriger Wirtsstube, in die man einen Blick werfen sollte. Die Freiplätze vor dem Haus sind nah an der Straße.
Essen und Trinken: Gute bürgerliche Küche aus möglichst heimischen Produkten. Das Landbier ist würzig und durstlöschend. Sehr beliebt sind auch das Pils sowie das komplett unfiltrierte Sigi's Lager (April bis Oktober).

6

Brauereigaststätte Lindenbräu, Am Bach 3, Gräfenberg

Telefon: 09192/348
Internet: www.lindenbraeu.de

Öffnungszeiten: April bis November: Montag, Freitag und Sonntag ab 16 Uhr, die restlichen Tage schon ab 11 Uhr geöffnet. Dezember bis März: Montag und Freitag Ruhetag. Dienstag bis Donnerstag und Samstag ab 11 Uhr, Sonntag ab 16 Uhr geöffnet.
Lage: Die Plätze im Hof sind leider vom Straßenlärm beeinträchtigt.
Essen und Trinken: Zu Essen gibt es Bratwürste, hausgemachte Sülzen und Brotzeiten, am Wochenende zudem immer eine kleine Auswahl an warmen Gerichten wie Schäufele oder Sauerbraten. Das Vollbier erfreut sich allgemeiner Beliebtheit. Es wird zudem naturtrübes Hefeweizen, Pilsener und Leichtbier gebraut und ausgeschenkt. Schnäpse aus der Hausbrennerei.

Biergarten zum Bergschlösschen, Am Michelsberg 36, Gräfenberg

Telefon: 0162/5890690
Öffnungszeiten: Mai bis September Freitag 16 bis 21.30 Uhr und Samstag und Sonntag 14 bis 21.30 Uhr.

Lage: Kleiner feiner Biergarten am Ortsrand. Schöne Aussicht über Gräfenberg und die Umgebung.
Essen und Trinken: Hier gibt es Brotzeiten und die Biere der nahegelegenen Brauerei Friedmann.

Wirtshaus Klosterbrauerei Weißenohe, Klosterstraße 20, Weißenohe

Telefon: 0 91 92/63 57
Internet: www.das-wirtshaus-klosterbrauerei-weissenohe.de
Öffnungszeiten: Montag und Dienstag ist Ruhetag. Anfang April bis Ende September Mittwoch bis Freitag ab 11 Uhr, Samstag und Sonntag ab 10 Uhr. Anfang Oktober bis Ende März Mittwoch bis Sonntag ab 11 Uhr.
Lage: Die Brauerei wird in der fünften Generation von der Familie Winkler geführt, die im Jahr 2000 auch den Gaststättenbetrieb nach 57 Jahren Pause wieder in Betrieb nahm. Man sitzt in den gemütlichen Gasträumen oder im schattigen Biergarten im Innenhof des ehemaligen Klosters.
Essen und Trinken: Auf den Teller kommen fränkische Spezialitäten, Fisch- und Wildgerichte sowie weitere Saisongerichte. Zu trinken gibt es eine Auswahl an Bieren der Klosterbrauerei.

6

Gasthaus zum Lillachtal, Dorfhauser Straße 69, Dorfhaus (Weißenohe)

Telefon: 01 78/5 50 24 78
Internet: www.zum-lillachtal.de
Öffnungszeiten: Montag und Donnerstag ist Ruhetag. An den anderen Tagen ist von 12 bis 20 Uhr geöffnet.

Lage: Das Wirtshaus liegt im Weißenoher Ortsteil Dorfhaus, dem Tor zu den beliebten Sinterterrassen. Ruhige Außenplätze in der Sonne und im Schatten. Die frisch sanierten Innenräume können wieder ab 2022 besucht werden
Essen und Trinken: Serviert werden fränkische Spezialitäten, hausgemachte Flammkuchen aus dem Steinofen und ein wechselndes Angebot an vegetarischen und veganen Tagesgerichten. Auch Kaffee und hausgebackene Kuchen stehen auf der Karte. Die Biere stammen von der Klosterbrauerei Weißenohe. Auf dem Hof befindet sich außerdem die „Kleine Dorfnascherei“ in der Marmeladen, Sirup und Gebäck aus eigener Herstellung verkauft werden.

Über den Frauenstein nach Muggendorf, ins liebliche Wiesenttal und zur Ruine Neideck

Biergarteneinkehr in Muggendorf, Rothenbühl und Ebermannstadt

Ebermannstadt – Rothenbühl – Birkenreuth – Trainmeusel – Frauenstein – Muggendorf – Haag – Ruine Neideck – Rothenbühl – Ebermannstadt

Weglänge: 17 km (bei PKW-Anfahrt bis Rothenbühl nur 12 km).
Aufstieg / Abstieg: 410 hm / 410 hm
Reine Gehzeit: 5 Stunden
Start und Ziel: Bahnhof Ebermannstadt. Bahnstrecke Forchheim – Ebermannstadt. Stündliche Zugverbindung. Gute Anschlüsse in Forchheim bei Anfahrt von Nürnberg oder Bamberg.
Gelände: Zwischen Rothenbühl und Birkenreuth knapp 200 Meter Anstieg. Am Rückweg nur zwei kurze Anstiege. Etwa die Hälfte der Wanderung verläuft im Wald. Wanderschuhe mit Profilsohle sind sehr zu empfehlen.
Karte: Fritsch Wanderkarte Naturpark Fränkische Schweiz Blatt Süd Maßstab 1:50 000 oder Topografische Karte des Bayerischen Landesvermessungsamts Naturpark Fränkische Schweiz/Veldensteiner Forst im gleichen Maßstab.
Empfohlene Jahreszeit: Vom Frühjahr bis zum Herbst. Am schönsten zur Zeit der herbstlichen Laubfärbung. Nicht bei stärkerem Regen, Schnee und Eis.
Sehenswertes:
Birkenreuth: Ein 200 Jahre alter Dorfbrunnen mit Überdachung.
Burgruine Neideck: Auf einem Felssporn gelegene Ruine einer Burg der Grafen von Schlüsselberg, deren letzter Spross 1347 bei einer Burgbelagerung getötet wurde. Nach zwei Vorhöfen gelangt man in den inneren Burgbereich mit dem von weither sichtbaren Wohnturm. Schöner Talblick.

7

Vom Endpunkt der Stichbahn in Ebermannstadt aus lässt sich die Schönheit der Fränkischen Schweiz bereits sehr gut erkunden. Das talabwärts breite Wiesenttal ist hier zwischen den steilen Berghöhen von Zuckerhut und Hummerstein fast schluchtartig eingeengt. Das schmale Tal setzt sich flussaufwärts bis Behringersmühle fort, wo einst die Lokalbahn von Forchheim her endete. Eine Vielzahl von erholungssuchenden Städtern nutzten vor der Motorisierungswelle sonntags dieses Bähnchen, um in der „Fränkischen" zu wandern und Forellen zu verspeisen. Heute verkehren im Sommer an Sonntagen und teilweise auch an Werktagen wieder historische Züge (teils Dampf, teils Diesel), die von einem privaten Verein betrieben werden (Fahrpläne siehe unter www.dfs.ebermannstadt.de).

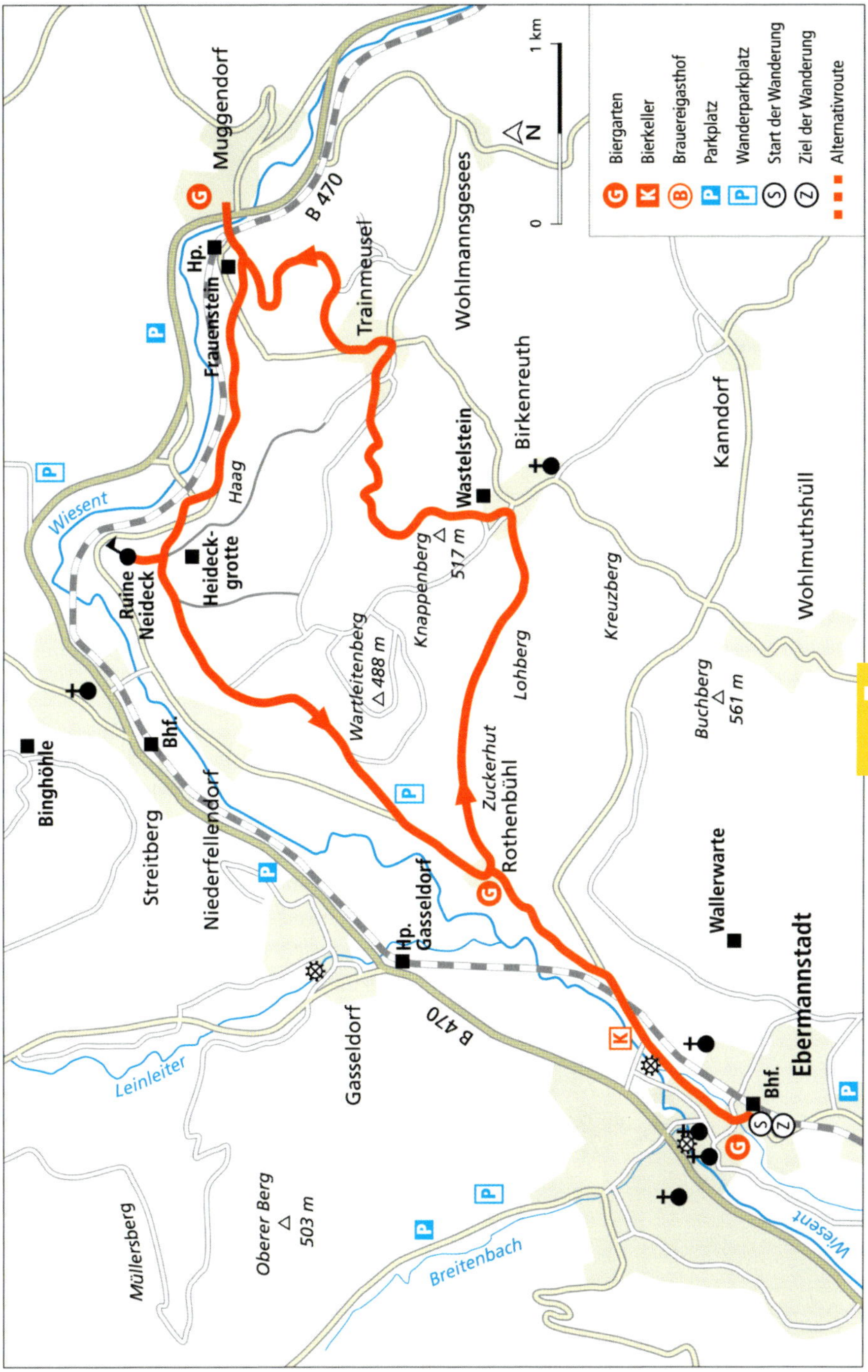
Muggendorf
B 470
Hp.
Frauenstein
Trainmeusel
Wohlmannsgesees
Birkenreuth
Wastelstein
Kanndorf
Wohlmuthshüll
Haag
Wiesent
Ruine Neideck
Heideck-grotte
Knappenberg
517 m
Wartleitenberg
488 m
Lohberg
Kreuzberg
Buchberg
561 m
Binghöhle
Bhf.
Streitberg
Niederfellendorf
Zuckerhut
Rothenbühl
Hp. Gasseldorf
Gasseldorf
B 470
Wallerwarte
Ebermannstadt
Bhf.
Leinleiter
Oberer Berg
503 m
Müllersberg
Breitenbach
Wiesent
0
1 km
N
Biergarten
Bierkeller
Brauereigasthof
Parkplatz
Wanderparkplatz
Start der Wanderung
Ziel der Wanderung
Alternativroute

7

Keine Spielzeugeisenbahn, sondern ein echter Dampfzug fährt durchs Wiesenttal (Blick von der Ruine Neideck).

7

Die vorgeschlagene Rundwanderung erfordert bei 17 km Länge und einigen Anstiegen eine gute körperliche Kondition. Bei Anfahrt mit dem PKW bis Rothenbühl kann man sie erheblich verkürzen. In jedem Fall liegt Muggendorf mit der beschriebenen Einkehr in der Mitte der Tour. Noch schöner sitzt man in den drei (Bier)gärten in Ebermannstadt und Rothenbühl. Der Weg dorthin ist sehr abwechslungsreich. Er führt uns zunächst im Talgrund der Wiesent bis Rothenbühl, von wo aus wir nach Birkenreuth hinaufwandern. Das folgende Wegstück am Waldrand, über eine Obstbaumwiese weg und durch schönen Buchenwald mit einem Felsgewirr von Jurablöcken ist charakteristisch für die Vielfalt der Fränkischen Schweiz. Nach Muggendorf geht es später steil hinunter. Beim Abstieg genießen wir bei den Felsen des „Frauenstein“ einen sehr schönen Talblick nach Muggendorf.

Am Aussichtsfelsen Frauenstein.

Der Rückweg führt wieder weitgehend durchs Wiesenttal. Der Weiler Haag liegt einige Meter abseits vom Wanderweg. Wir sollten den minimalen Umweg dorthin nicht scheuen, denn wir stoßen hier auf eine fränkische Idylle mit blumengeschmückten Bauernhäusern, alten Traktoren und Fachwerkscheunen.

Die auf einem Felssporn gelegene Ruine Neideck ist ein abschließender Höhepunkt unserer Wanderung. Sie gilt als das Wahrzeichen der insgesamt burgen- und ruinenreichen Fränkischen Schweiz. Der Wohnturm ist vom Tal her überall zu sehen. So verwundert es nicht, dass man von ihm aus einen herrlichen Blick in die Tallandschaft der Wiesent genießt. Der einst sehr bekannte Dichter Viktor von Scheffel hat auf einer Wanderfahrt in die Fränkische Schweiz die Ruine Neideck im Jahr 1859 besucht und in seiner poetischen Reisebeschreibung erwähnt:

Drauf schlendern wir talaufwärts hin,
Wo über Bach und Wiesen
Der Schlüsselberger Felsen kühn
Die Taleswindung schließen!
Mit Namen sind sie bös genannt,
Links droht der „Berg des Streites“,
Rechts brüstet auf der Felsenwand
Sich breit das „Eck des Neides“.

Blick von der Ruine Neideck ins Wiesenttal.

7

Wegbeschreibung

Am *Bahnhof Ebermannstadt* laufen wir an der Bahnhofsgaststätte vorbei in Richtung Ortsmitte. Nach links ginge es in wenigen Minuten zum Wiesent-Garten. Unser Hauptweg führt uns aber rechts in die Chantonnay-Promenade. Am Fluss entlang, nach links ist es nur ein Katzensprung in die Altstadt, gehen wir bis zum Ortsende. Wir stoßen bei einem Querweg auf einen Damm. Hier halten wir uns rechts und überqueren auf einem Holzsteg die Wiesent. Danach kommen wir zu einer kleinen Straße und erblicken verschiedenen Wegweiser und Markierungen. Wir gehen mit den Markierungen „Roter Punkt“ und „Gelber senkrechter Strich“ nach links. Auf einem Wegweiser ist bereits *Birkenreuth* angezeigt.

Wir gelangen zum *Schwanenbräukeller* und laufen nun – einem Radwegzeichen folgend – unter der Staatsstraße hindurch. Der geteerte Weg führt auf einen Bahnübergang zu. Wenige Meter vor diesem biegen wir links in einen Fußweg ein. Die genannten Markierungen sind vorhanden. Der Weg führt zwischen Bahnkörper und Fluss entlang. Das Bahngleis wird dann überquert. Auf einem Wiesenpfad kommt man beim Parkplatz des Schwimmbads zum ersten Haus von *Rothenbühl.* Auf der kleinen Straße gehen wir nach links zum Ort.

Blick vom Frauenstein zum Wanderziel Muggendorf.

Bei einer großen Linde (geradeaus sind es nur 60 Meter bis zum Landgasthof
7 Bieger) biegen wir rechts ab. Unser Wegzeichen ist jetzt nur der „Gelbe senkrechte Strich“. An einem Hausgrundstück vorbei geht es bergauf zum Wald hin und in diesem leicht links in einem Hohlweg weiter. Man steigt ganz zur Höhe hinauf und läuft geradeaus nach *Birkenreuth* hinein.

Hier geht es nach links an dem alten Brunnenhaus vorbei. Ab hier folgen wir dem Zeichen „Grünes Kreuz“. An einer Straßengabelung im Ort bei einem Walnussbaum wandern wir rechts von diesem mit dem „Grünen Kreuz“ und einer zweiten Markierung weiter. Etwa 150 Meter nach einem alten Lagerkeller kommen wir zu einer Gabelung. Wir biegen hier mit dem „Grünen Kreuz“ nach rechts in einen grasigen Weg ein, der zum Wald hinführt. In diesem folgen wir weiter den Markierungszeichen, die uns im Wald einmal nach links und dann an Felsen vorbei und mit mehreren Kurven durch den Wald führen. Über eine Wiese kommt man zu einem geteerten Sträßchen, auf dem man nach rechts den Ort *Trainmeusel* erreicht. Wir wandern geradeaus am Gasthof vorbei zu einer Kreuzung in der Ortsmitte.

Gemüseverkauf mit Selbstbedienung in Rothenbühl.

Hier gehen wir nach links, der bisherigen Markierung und dem Wegweiser zum Frauenstein und nach Muggendorf folgend. Beim Ende der geschlossenen Ortsbebauung geht es auf einem kleinen Teersträßchen nach rechts (wieder Wegweiser und Markierung). Nach knapp 500 Metern auf dem Sträßchen biegen wir links (Wegweiser!) in einen Graspfad ein, der uns zum Wald bringt (hier schöner Rastplatz mit Tisch!). Auf langsam steiler werdenden Weg erreichen wir den Aussichtsfelsen *„Frauenstein"*. Weiter unten werden ein breiterer Weg und ziemlich unten der mit einem „Roten Kreuz" markierte Leo-Jobst-Weg überquert. Wir ereichen bei einem alten Bierkeller das Tal. Hier halten wir uns links. Nach 170 Metern geht es rechts über das Bahngleis und die Wiesent nach Muggendorf und zum Goldnen Stern. Wir kehren auf demselben Weg zurück und folgen dann dem Sträßchen nach rechts. 400 Meter später biegen wir rechts in den mit einem „Roten Kreuz" markierten Leo-Jobst-Weg ab. Dem Weg folgen wir nun für längere Zeit. Zum Weiler *Haag* können wir rechts einen kleinen Abstecher unternehmen. In diesem Fall gehen wir nach dem letzten Haus von Haag (Wegweiser zur Neideck) mit wenigen Schritten wieder zu dem Wanderweg hinauf. Hier geht es halblinks, dem „Roten Kreuz" und dem Zeichen „Roter Ring" folgend, bergauf zur *Ruine Neideck*. Am Beginn der Vorburg müssen wir dann scharf links weitergehen. Hier ist nach einigen Metern die Markierung „Roter Ring" angebracht. Zuvor sollten wir allerdings die große Burgruine besuchen.

Ehemaliger Wohnturm der Ruine Neideck.

Auf dem Weg mit dem „Roten Ring" kommen wir auf ebenem Weg rasch zu einer Kreuzung mit verschiedenen Wegweisern. Wir folgen der Anzeige „Ebermannstadt". Die Zeichen „Rotes Kreuz" und „Roter Ring" (und weitere) begleiten uns. Bei der nächsten Weggabelung müssen wir nach rechts mit dem „Roten Kreuz" und dem „Roten Ring" weitergehen. Nach etwa 15 Minuten auf bequemen Weg am Steilhang (Vorsicht mit Kindern!) gelangen wir bergab zu einem Teersträßchen, das geradeaus überquert wird. Wir gehen immer gerade weiter bis zu einer kleinen Autostraße, auf der wir nach links wieder *Rothenbühl* erreichen. Wir folgen der Ortsstraße und erreichen auf dem uns bereits bekannten Weg den *Schwanenbräukeller* und *Ebermannstadt*.

7

Biergarteneinkehr auf der Neideckwanderung

Hotel Goldner Stern, Marktplatz 6, Muggendorf

Telefon: 0 91 96/9 29 80
Internet: www.goldner-stern.de

Öffnungszeiten: Täglich durchgehend geöffnet. Kein Ruhetag. Warme Küche bis 14 Uhr und ab 17 Uhr.
Lage: Der Gastgarten liegt (nicht recht biergartentypisch) vor dem Haus an einer Terrasse. Man sitzt (bei Sonne unter einer großen Markise) an bequemen Gartengarnituren. Der Verkehr am Marktplatz bzw. der Ortsstraße hält sich meist in Grenzen.
Essen und Trinken: In dem Traditionsgasthof kann man gehoben-bürgerlich essen. Die Speisenpalette reicht vom Schweinebraten bis zum Kalbsrückensteak mit Steinpilzen und Sauce Hollandaise überbacken. Oft auch Wildgerichte, Forellen Spargel und andere saisonale Speisen. Feine Desserts.

7

Landgasthof Bieger, Rothenbühl 3, Ebermannstadt

Telefon: 0 91 94/95 34
Internet: www.landgasthof-bieger.de

Öffnungszeiten: Dienstag ist Ruhetag. Montag und Mittwoch bis Samstag ab 15 Uhr, an Sonn- und Feiertagen ab Mittag geöffnet.
Lage: Hinter dem Haus liegt der sehr ruhige kleine Biergarten mit Tischen und Stühlen. Zwei alte Bäume spenden Schatten; hübscher Ausblick auf eine große Wiese.
Essen und Trinken: Fränkisches Essen (Schäufele, Rouladen, Rindfleisch mit Meerrettich, Forellen) und Brotzeiten. Am Wochenende Fränkische Kirschtorte. Kulmbacher Biere.

Schwanenbräukeller, Mühlenstr. 1, Ebermannstadt

Telefon: 0 91 94/2 09

Internet: www.schwanenbraeu.de

Öffnungszeiten: Bei schönem Wetter Montag bis Freitag ab 17 Uhr, Samstag und Sonntag ab 15 Uhr.

Lage: Der Biergarten liegt hübsch und sehr ruhig neben dem Gleis der Dampflokstrecke Ebermannstadt – Behringersmühle. Man sitzt an festen Bänken mit Lehne, teilweise schattig unter locker stehenden Bäumen, teilweise auch sonnig.

Essen und Trinken: Vielfältiges Brotzeitangebot, z. B. Schmalzfleisch, Schinkenplatte, Brauhausplatte, Pfannensülze, Backsteinkäse und Ziebeleskäse. Dazu gibt es selbst gebackenes Brot. Das dunkle Schwanenbräubier vom Fass wird im Steinkrug ausgeschenkt. Auch hausgebrannte Schnäpse werden angeboten.

7

Wiesent-Garten, Am Kirchenwehr 10, Ebermannstadt

Telefon: 01 70/3529133

Internet: www.wiesent-garten.de

Öffnungszeiten: Bei schönem Wetter Montag bis Samstag ab 15 Uhr, Sonntag ab 14 Uhr.

Lage: Beliebter Biergarten mit Eventscheune. Schöne, ruhiger Lage unweit der Wiesent. Sowohl schattige als auch sonnige Plätze.

Essen und Trinken: Brotzeiten, Grillspezialitäten und Kuchen. Die Biere stammen von Krug Bräu in Breitenlesau.

Mit Kindern von Streitberg durch das Leidingshofer Tal ins Leinleitertal

Biergarteneinkehr in Veilbronn

Streitberg – Ruine Streitberg – Störnhof – Leidingshofer Tal – Veilbronn – Unterleinleiter – Pavillon – Binghöhle – Streitberg

Weglänge: 13 km
Aufstieg / Abstieg: 370 hm / 370 hm
Reine Gehzeit: 4 Stunden
Start und Ziel: Bushaltestelle Streitberg B 470. Buslinie Ebermannstadt – Gößweinstein – Pegnitz (VGN). Regelmäßiger, meist stündlicher oder zweistündlicher Linienverkehr in der Zeit vom 1. Mai bis 31. Oktober. In der übrigen Zeit ausgedünnter Busverkehr. Fahrpläne unter www.vgn.de oder www.bahn.de
Anreise nach Streitberg ist auch mit den historischen Zügen der Dampfbahn Fränkische Schweiz an verschiedenen Wochenendterminen im Sommer möglich. Fahrpläne unter www.dfs.ebermannstadt.de.
Gelände: Abwechslungsreiches Gelände mit Wiesen und Laubwald; überwiegend kleine Wanderpfade. Ein Stück weit geht man auf einer gering befahrenen Straße und 1,5 km auf geteertem Radweg. Gleich am Beginn zur Streitburg hinauf und vor allem hinter Unterleinleiter sind relativ steile Anstiegswege zu bewältigen. Der Abstieg vom Pavillon zur Binghöhle auf schmalem Pfad am Hang ist zwar gut begehbar, doch ist, vor allem mit Kindern, hier etwas Vorsicht geboten. Feste Schuhe mit Profilsohle sind sehr zu empfehlen.

Eingang zur Streitburg.

8

Karte: Appelt Wanderkarte Innere Fränkische Schweiz 1:35 000 oder Wanderkarte des Bayerischen Landesvermessungsamts Naturpark Fränkische Schweiz/Veldensteiner Forst oder Fritsch Wanderkarte; Naturpark Fränkische Schweiz Blatt Süd beide im Maßstab 1:50 000.
Empfohlene Jahreszeit: Nicht an sehr heißen Tagen und nicht bei Schnee und Eisglätte.
Sehenswertes:
<u>*Steitberg:*</u> Die Burg Streitberg war wie die gegenüber liegende Burg Neideck Besitz der Grafen von Schlüsselberg. Sie wurde im Dreißigjährigen Krieg niedergebrannt und nach 1800 als „gemeindlicher Steinbruch" ausgebeutet. Mauerreste und ein altes Burgtor sind erhalten. Schöne Aussicht ins Wiesenttal bis hin zum Walberla und zur Ruine Neideck. Die Binghöhle kann besichtigt werden. Sie führt 400 m in den Berg hinein und besitzt prächtige Tropfsteingebilde.

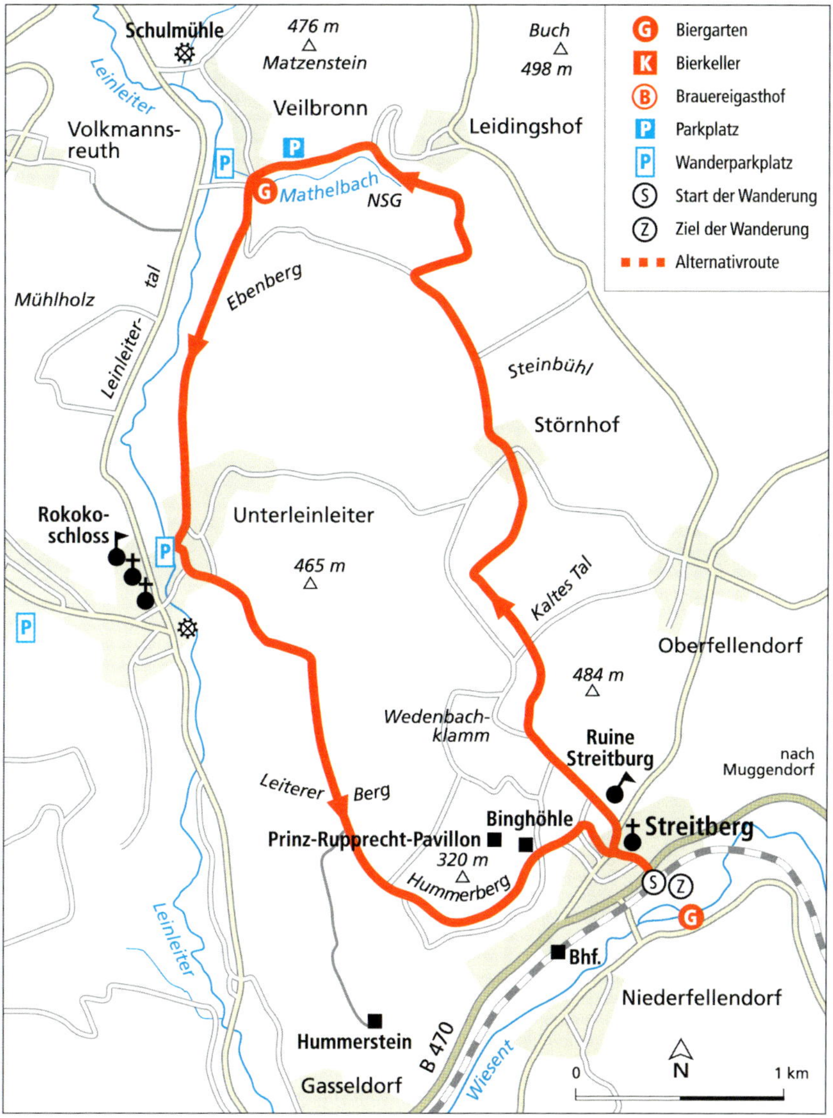

Die Wanderung im Zentrum der Fränkischen Schweiz ist für etwas größere und nicht gehfaule Kinder ein absoluter Knüller. Sie bietet eine Menge Attraktionen für einen erlebnisreichen Ausflugstag. Lässt sich die Anreise zwischen Ebermannstadt und Streitberg mit dem historischen Dampfzug durchführen, so ist schon für einen großartigen Auftakt gesorgt. Bald ist dann die Burg Streitberg erstiegen. Das Ruinengemäuer harrt der ausführlichen Erkundung. Eine etwas größere Wanderstrecke muss dann absolviert werden, bis man das unter Naturschutz stehende tief

Blick von der Streitburg auf Streitberg.

eingeschnittene Leidingshofer Tal erreicht. Bei einer großen Wiese mit Schutzhütte gibt es reichlich Spielmöglichkeiten, auch Quellen und ein Bach sind hier vorhanden. Väter können ihren pädagogischen Neigungen nachgehen und die Wirkungsweise des hier noch in Betrieb befindlichen hydraulischen Widders erklären.

Kindern gefällt die Anreise nach Streitberg mit dem Dampfzug besonders gut.

Die Schutzhütte im Leidingshofer Tal ist auch ein idealer Picknickplatz. Alternativ kann man sich kurze Zeit später in Veilbronn im großen Biergarten Lahner stärken. Die Preise sind so, dass das Familienbudget nicht übermäßig belastet wird. Dann allerdings muss noch der 6,5 km lange Rückweg bewältigt werden. Hat man den Pavillon oberhalb von Streitberg mit seinem phänomenalen Talblick erreicht, so ist das meiste geschafft. Der steile Abstieg führt rasch zur Binghöhle. Der Besuch dieser wohl schönsten Tropfsteinhöhle der Fränkischen Schweiz ist abschließender Glanzpunkt der Wanderung.

Wegbeschreibung

Ausgangspunkt ist die *Bushaltestelle Streitberg*. Wir gehen ortseinwärts bis zu einer größeren Kreuzung in der Ortsmitte und hier nach rechts vorbei den Berg hinauf. Bei der Kirche biegen wir links in einen Treppenweg ein, der mit einem Wegweiser zur Streitburg versehen ist. Außerdem sehen wir auch das Markierungszeichen „Gelbes Dreieck", das uns bis Veilbronn leiten soll. Oben erreicht man ein einzelnes Haus, hier geht es nach links weiter. Zuvor jedoch werden wir wohl der *Streitburg* (rechts) einen Besuch abstatten.

Blick von der Streitburg ins Wiesenttal und zur Ruine Neideck.

8

Die Markierungen führen sogleich zu einem zweiten Haus, bei dem wir uns links halten (Richtung Störnhof – Veilbronn). Im Wald kommt man nach einigen Minuten zu einer Gabelung. Das Zeichen „Gelbes Dreieck" ist hier etwas unklar angebracht. Wir müssen dem leicht ansteigenden Weg rechts folgen. Nach dem Wald geht es geradeaus über offenes Gelände zu einem befestigten Weg, der (ein paar Meter nach rechts versetzt) überquert wird. Dann rechts einbiegend, später leicht links erreicht man an einem einzelnen Bauernhof vorbei den Ort *Störnhof*.

In der Ortsmitte bei einer platzartigen Erweiterung mit einem größeren Baum folgen wir mit einer Linkskurve der (wenig befahrenen) Straße in Richtung Veilbronn. Auf ihr bleiben wir für 1 km; bei der Abzweigung einer Straße rechts laufen wir geradeaus. Wenn auf der rechten Seite der Wald beginnt folgen wir dem Zeichen „Gelbes Dreieck" nach rechts. Wir erreichen eine Hinweistafel auf das Naturschutzgebiet *Leidingshofer Tal*, biegen hier links ein und kommen bei einem Rastplatz mit Tisch vorbei. Hier sehen wir einen kleinen Felsen aufragen. Direkt

Mühle bei Veilbronn.

nach diesem müssen wir (Markierung und Wegweiser fehlen derzeit) nach rechts von dem Waldweg abbiegen und auf einem Graspfad ziemlich steil ins Tal hinuntersteigen. Unten geht es nach links in der Talschlucht auf holprigem Weg weiter. Nach einer Wiese mit Felswand und Schutzhütte wird der Weg besser. Wir erreichen an Quellen vorbei und an einem Bach entlang eine kleine Teerstraße, die uns nach *Veilbronn* bringt (links der *Gasthof Lahner*).

Ein paar Schritt weiter in Richtung Talstraße kommen wir zu einem Parkplatz bei einer Baumreihe. Hier biegen wir links ein und folgen nun dem geteerten Geh- und Radweg (ehemalige Bahntrasse). Nach etwa 20 Minuten kurz nach dem Verlassen eines Waldstücks kommen wir zu einer Gabelung. Der geteerte Radweg läuft hier etwas nach rechts leicht bergab. Wir bleiben geradeaus auf der Bahntrasse, die uns als befestigter, erst später wieder geteerter Weg am ehemaligen Bahnhof vorbei nach *Unterleinleiter* zu einer Ortsstraße bringt. Auf der anderen Straßenseite sehen wir (etwas versteckt) einen Wegweiser nach Streitberg und die Markierung „Grünes Kreuz". Mit diesem Zeichen steigen wir nun Treppen hoch, bis wir die Straße wieder erreichen. Ein paar Meter weiter bergauf biegen wir rechts in die Straße Glasenleite ein.

Nach dem Ende der Bebauung geht es nun eine längere Strecke ziemlich steil schräg den Hang hinauf. Die Markierung ist weiter das „Grüne Kreuz". Ein ebener Weg rechts bleibt unbeachtet. Wir überqueren eine Waldstraße. Ganz oben stoßen wir auf einen Querweg mit Wegweisern. Wir gehen hier nach rechts (Wegweiser nach Hummerstein und Streiberg) und folgen nun der Markierung „Senkrechter Rotstrich". Nach dem Waldende geht es über Felder leicht bergab und dann (mit Wegweiser nach Streitberg) wieder in Wald hinein. Der nun breite Weg macht eine Kurve nach links. Eine Abzweigung rechts zum „Schönblick" bleibt unbeachtet. Der folgenden Abzweigung rechts (Wegweiser) zum *Pavillon* folgen wir sodann. Vor dem Pavillon geht unser Pfad in Richtung Streitberg bergab weiter. Er windet sich am steilen Hang in Serpentinen hinunter und führt unten zu einem breiten Schotterweg (links liegt hier einige Meter bergauf die *Binghöhle*). Wir folgen dem Schotterweg nach rechts abwärts, gehen bei der nächsten Wegkreuzung links und erreichen *Streitberg* bei den Parkplätzen der Binghöhle. Weiter bergab passieren wir den ehemaligen Gasthof Schwarzer Adler und gelangen wieder an die Bushaltestelle an der B 470. Für eine Einkehr bietet sich das Badcafé Streitberg auf der anderen Seite der Wiesent beim Freibad an.

Biergärten der Wanderung ins Leidingshofer Tal

Landgasthof Lahner, Veilbronn 10, Heiligenstadt

Telefon: 0 91 98 - 92 89 90

Internet: www.landgasthof-lahner.de

Öffnungszeiten: Montag bis Mittwoch Ruhetag. Donnerstag bis Sonntag ab 11 Uhr.

Lage: Der Gasthof besitzt einen geräumigen und sehr ruhig im Grünen gelegenen Biergarten, teils mit Biergarnituren, teils mit Gartenstühlen und Tischen. Große alte Bäume spenden Schatten; daneben gibt es auch sonnige Plätze.

Beim Lahner in Veilbronn werden auch Veganer satt.

Essen und Trinken: Die Speisekarte ist recht umfangreich und wechselt regelmäßig. Neben den üblichen fränkischen Fleischgerichten sind in der jeweiligen Saison Karpfen- und Forellengerichte erhältlich. Für Vegetarier gibt es z. B. Kürbis-Ravioli in Frischkäse-Soße und gebackene Champignons mit Salat, für Veganer Tomatengemüse mit Rote-Bete-Küchle und Burger mit Pommes.

Badcafé Streitberg, Am Freibad 7, Streitberg

Telefon: 01 60/344 10 00

Internet: www.badcafe-streitberg.de

Öffnungszeiten: Mitte April bis Ende Oktober bei schönem Wetter täglich ab 10 Uhr.

Lage: Schönes Café und ruhiger Biergarten mit schattigen und sonnigen Plätzen. Direkt neben dem Freibad und der Wiesent gelegen.

Essen und Trinken: Kleine Karte mit warmen Speisen, Brotzeiten und Salaten, auch Kuchen und Eis. Biere von Meister in Unterzaunsbach, Greif in Forchheim und weiteren Kleinbrauereien aus der Region.

Gasthof Schwarzer Adler, Dorfplatz 7, Streitberg

Der Schwarze Adler war im April 2021 geschlossen, seine Zukunft noch ungeklärt.

Brauereirunde im oberen Leinleitertal

Biergarteneinkehr in Oberleinleiter und Heiligenstadt

Heiligenstadt – Geologischer Lehrpfad – Heroldsmühle – Tal der Tummler – Oberleinleiter – Burggrub – Zoggendorf – Heiligenstadt

Weglänge: 14 km (ohne Abstecher zu den Tummlern 12 km)
Aufstieg / Abstieg: 270 hm / 270 hm
Reine Gehzeit: 4 Stunden
Start und Ziel: Heiligenstadt Raiffeisenstraße bzw. Marktplatz. Heiligenstadt ist in der Wandersaison (1. Mai bis 1. November) täglich mit dem Bus ab Ebermannstadt, eingeschränkt auch ab Bamberg zu erreichen. Außerhalb der Wandersaison fahren die Busse nur unter der Woche. Siehe www.vgn.de und www.bahn.de. Am Wochenende ist die Tour dann nur mit PKW-Anreise durchführbar (Parkplätze in der Raiffeisenstraße und am Marktplatz).
Gelände: Bis Oberleinleiter kleine Feld- und Waldwege, dann geteerter Geh- und Radweg.
Karte: Fritsch Wanderkarte Naturpark Fränkische Schweiz Blatt Süd oder Karte des Bayerischen Landesvermessungsamts Naturpark Fränkische Schweiz/Veldensteiner Forst, beide im Maßstab 1:50 000.
Empfohlene Jahreszeit: Ganzjährig, meist auch im Winter, gut zu begehen. Nicht an heißen Tagen, da unterwegs wenig Schatten ist. Nach der Schneeschmelze oder nach starkem Regen im Frühjahr kann der Weg von der Heroldsmühle zu den Tummlern unpassierbar sein.
Sehenswertes:
Heiligenstadt: Im Kirchenschiff der evangelischen Kirche sind Decke und Wände auf 100 Feldern mit biblischen Szenen ausgemalt. Die Ausmalung erfolgte im Jahr 1716. Am Marktplatz stehen neben weniger ansehnlichen Gebäuden die Fachwerkbauten des Rathauses und des Gasthofs Heiligenstadter Hof.
Heroldsmühle: Früher Mühle, dann Gasthaus. Mühlrad von 1912 mit einem Durchmesser von 7,20 Metern; eines der größten Mühlräder in Deutschland.

Heiligenstadt liegt in dem landschaftlich reizvollen Tal der Leinleiter, einem Nebenfluss der Wiesent. Bis 1968 konnte man Heiligenstadt auf einer Nebenstrecke von Ebermannstadt aus mit dem Zug erreichen. Die Gleise wurden entfernt. An ihrer Stelle verläuft heute größtenteils ein Radweg. Die Dampflokromantik wie sie auf der Strecke von Ebermannstadt nach Behringersmühle wieder auflebte, wird ins Leinleitertal nicht mehr zurückkehren.

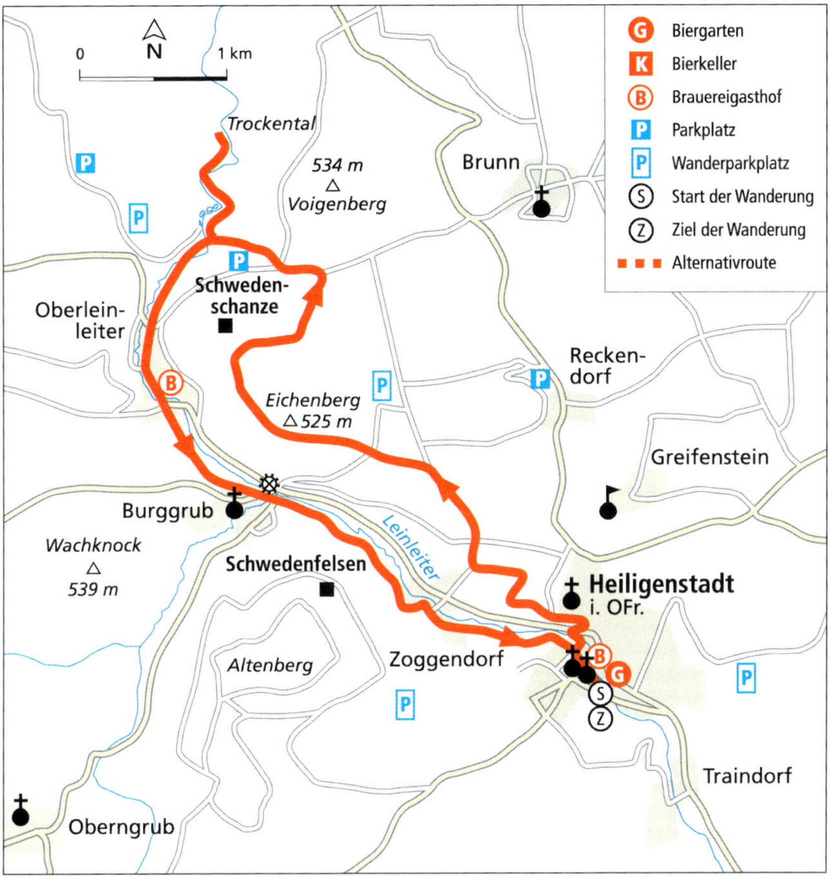

Der Tourismusbranche in Heiligenstadt hätte ein Dampfzugbetrieb in dem Tal sicher gut getan. So liegt Heiligenstadt heute etwas außerhalb der großen Verkehrsströme; auch die Anreise mit dem öffentlichen Nahverkehr ist etwas zeitraubend und eingeschränkt.

Schloss Greifenstein.

Damit mag zusammenhängen, dass einige der schönen Ausflugsziele nahe bei Heiligenstadt ihre Pforten geschlossen haben. Während die am Weg zum Schloss Greifenstein gelegene Neumühle schon vor Jahren ihren Betrieb eingestellt hat, besteht auch die Heroldsmühle an unserer Wanderstrecke seit Februar 2016 nicht mehr als Gast-

Die Heroldsmühle.

Der große Tummler nahe der Heroldsmühle.

9

haus. So bleibt für die Einkehr in der Mitte der Wanderstrecke nur der Brauereigasthof Ott in Oberleinleiter mit bürgerlicher Küche, einem umfangreichen Angebot an Biersorten und einem nahe der Straße gelegenen Biergarten übrig. Für die Schlusseinkehr in Heiligenstadt kommen in erster Linie der *Brauereigasthof Aichinger* mit Sitzplätzen auf der schattigen Seite des Marktplatzes und der *Heiligenstadter Hof* mit einem schön begrünten Garten auf der Sonnenseite des Platzes in Betracht.

Die Wanderung selbst hat einige Glanzpunkte zu bieten. Da ist der interessante geologische Lehrpfad zu nennen und die schön gelegene Heroldsmühle mit ihrem riesigen Mühlrad. Nahe bei der Heroldsmühle entspringt die Leinleiter. Ihr Bachbett setzt sich oberhalb der Mühle als Trockental fort. In ihm liegen mehrere Karstquellen, Tummler genannt (auch als Hungerbrunnen, Bröller, Brutzler und Quickspring bezeichnet). Diese Quellen sind normalerweise versiegt. Nach längeren Regenfällen und nach der Schneeschmelze schießen aber aus ihnen Wassermassen springbrunnenartig hervor und verwandeln den grasigen Talgrund in einen reißenden Fluss. Den Abstecher dorthin von der Heroldsmühle aus sollte der Wanderer (sofern das Tal nicht gerade überschwemmt ist) nicht versäumen.

Wegbeschreibung

Von der Bushaltestelle Raiffeisenstraße *Heiligenstadt* begeben wir uns ortseinwärts zum Marktplatz. Hier gehen wir zum *Hotel Heiligenstädter Hof* hin und überqueren den Fluss Leinleiter auf einer Brücke. Gleich danach biegen wir in die Mühlengasse ein. Viele Markierungszeichen sind hier angebracht, darunter auch die Zeichen „Brauereienweg" und „Frankenweg" (F). Bald danach folgen wir einem Wegweiser nach rechts zu den Anlagen an der Leinleiter. Wir überqueren den klei-

Der Osterbrunnen in Heiligenstadt.

nen Fluss und laufen knapp 200 Meter auf einem Fußweg an ihm entlang. Beim Parkplatz überqueren wir die viel befahrenen Autostraße und nehmen dann den (etwas nach rechts versetzten) Fußweg mit einer Baumreihe. Dieser bringt uns zu einer weiteren, allerdings nicht so stark befahrenen Autostraße hin. Schräg gegenüber sehen wir hier einen Fußweg, dem wir folgen. Die Markierungen „Brauereienweg", „Frankenweg" und „Grüner Ring" weisen uns den Weg.

Auf dem Weg am Hang steigen wir empor und gehen oben weiter bis wir einen geteerten Weg erreichen. Hier laufen wir nach links bis zu einem weiteren geteerten Sträßchen, an dem wir uns rechts zu halten haben. Diesem folgen wir nun immer bergan bis wir ganz oben eine Baumgruppe erreichen. Hier müssen wir links abbiegen. Wir wandern an einem Wäldchen entlang. Bei einer Kreuzung (der Brauereienweg und der Frankenweg sind hier wieder vorhanden) laufen wir geradeaus in einen Wald hinein. Wir befinden uns jetzt auf dem *Geologischen Lehrpfad*.

Der Weg steigt an und führt an Felsgruppen vorbei. Kurz nach dem Verlassen des Waldes nehmen wir nicht den Brauereienweg nach links (kurzer Abstecher zum *Kreuzstein* ist möglich), sondern das Schottersträßchen nach rechts. Nach wenigen Minuten erreichen wir einen kleinen früheren Basaltsteinbruch (Abstecher von nur wenigen Schritten). Auf breitem Weg kommen wir, wieder etwas bergab, zu einer geteerten Autostraße, der wir für 200 Meter nach links folgen. Dann geht es auf der rechten Seite auf einem einfachen Weg hinunter (Wegweiser zur Heroldsmühle, Zeichen „Frankenweg"). Über eine Wiese und an einem eingezäunten Grundstück entlang kommen wir zur *Heroldsmühle*.

An der noch jungen Leinleiter.

Wenn wir das Trockental und die *Tummler* besuchen wollen, gehen wir vor dem Mühlgebäude leicht rechts auf dem „Frankenweg“ bzw. dem „Main-Donau-Weg“ (MD) für einen guten Kilometer weiter und kehren dann zur Heroldsmühle zurück.

Die Stelle, an der der Rückweg in Richtung Heiligenstadt weitergeht, haben wir beim Herweg bereits 80 Meter vor der Heroldsmühle gesehen. Hier sind die Zeichen „MD“ und „Gelber Querstrich“ angebracht. Wir folgen diesen und wandern in einem anmutigen Bachgrund bis zu einer Straße, auf der wir bergab rasch *Oberleinleiter* erreichen. Nun folgen wir der recht verkehrsreichen Straße durch den Ort und kommen am *Brauereigasthof Ott* vorbei. Kurz danach, noch vor dem Kriegerdenkmal, biegen wir rechts ein. Bei der öffentlichen Waage halten wir uns dann links. Das Zeichen *MD* begleitet uns nun bis zum Ziel. Nach dem Ortsende gehen wir auf geteertem Geh- und Radweg nach *Burggrub*.

Dort beim Schloss (jetzt Forstamt) halten wir uns links, gehen aber nicht bis zur Hauptstraße, sondern biegen noch vor dieser rechts ein, einem Wegweiser nach Heiligenstadt folgend. Beim Feuerwehrgerätehaus geht es links (Zeichen MD). Als nächster Ort wird *Zoggendorf* erreicht und ebenfalls durchquert. Wieder führen uns Wegweiser und das Zeichen MD weiter bis wir Heiligenstadt nahe bei der Kirche erreichen und dann den Marktplatz bzw. die Raiffeisenstraße ansteuern können.

9

Die Biergärten der Wanderung um Heiligenstadt

Brauereigaststätte Ott, Oberleinleiter 6, Heiligenstadt

Telefon: 0 91 98/2 71
Internet: www.brauerei-ott.de
Öffnungszeiten: Montag bis Donnerstag geschlossen. Freitag und Samstag ab 17.30 Uhr, Sonntag 10 bis 16 Uhr.
Lage: Vor dem Haus, leider nahe der Straße, befindet sich ein Terrassenbereich, der durch eine Art begrünte Laube teilweise Schatten erhält.

Essen und Trinken: Brotzeiten und warme Fleischgerichte. Zum Ausschank kommen die selbst gebrauten Biere wie Obaladara (ein malzaromatisches dunkles Bier), Export, Pils und Weißbier.

Brauereigasthof Drei Kronen Aichinger, Marktplatz 5, Heiligenstadt

Telefon: 0 91 98/5 22

Öffnungszeiten: Dienstag ist Ruhetag. An den anderen Tagen durchgehend geöffnet

Lage: Vor der Gaststätte schöne Außenplätze auf dem verkehrsberuhigten Marktplatz.

Essen und Trinken: Zu essen gibt es Hausmacher Brotzeiten aus eigener Schlachtung, aber immer auch das eine oder andere warme Essen aus „Großmutters Küche". Das beliebte Aichingerbier gibt es normalerweise nur in einer Sorte. Im Winter wird teilweise auch ein Bockbier gebraut. Diese Biere werden nur in der eigenen Gaststätte ausgeschenkt.

Gasthof Heiligenstadter Hof, Marktplatz 9, Heiligenstadt

Telefon: 0 91 98/7 82

Internet: www.hotel-heiligenstadter-hof.de (mit Speise- und Getränkekarte)

Öffnungszeiten: Von März bis Oktober täglich durchgehend geöffnet, in den restlichen Monaten 11.30 bis 14 Uhr und 17 bis 20.30 Uhr.

Lage: Das ansehnliche Fachwerkgebäude liegt an der Sonnenseite des Marktplatzes. Ihm ist ein großer, schön begrünter und recht ruhiger Biergarten vorgelagert.

Essen und Trinken: Stets eine sehr umfangreiche Speisekarte. Einige Beispiele: Fischvorspeisenteller, Tagessuppe, Blattsalate mit Roastbeefstreifen, Tortellini mit Steinpilzfüllung, Kalbsrahmbraten, Forellen, Karpfengerichte. Neben diversen Kulmbacher Mönchshof Bieren bekommt man auch das süffige Lagerbier von der Löwenbräu Buttenheim (vom Fass).

9

Vierzehn Kilometer, vier Brauereien und ein Weltrekord

Aufseß – Neuhaus – Sachsendorf – Hochstahl – Heckenhof – Aufseß

Weglänge: 15 km
Aufstieg / Abstieg: 200 hm / 200 hm
Reine Gehzeit: 4 Stunden
Start und Ziel: Wer mit dem Auto anreist, kann die Wanderung prinzipiell an jeder der Ortschaften starten. Um die guten Biere probieren zu können, wurde der Brauereien-Wander-Express (Bus 230) eingerichtet. Der fährt vom 1. Mai bis 1. November an Samstagen, Sonn- und Feiertagen um 9 Uhr und 11 Uhr von Ebermannstadt nach Aufseß (Haltestelle Brücke). Zurück geht es um 16.20 Uhr und 18.25 Uhr. Siehe www.vgn.de und www.bahn.de. Unter der Wochen und im Winterhalbjahr gibt es leider keine passende An- und Abreise mit dem öffentlichen Nahverkehr.
Gelände: Abwechslungsreich, aber unspektakulär. Flusstal, Hochflächen mit landwirtschaftlicher Nutzung, mehrere Ortschaften. Nur wenige kurze Anstiege. Bequeme Wege, die auch mit einem geländegängigen Kinderwagen zu schaffen sind.
Karte: Fritsch Wanderkarte Naturpark Fränkische Schweiz Blatt Süd oder Karte des Bayerischen Landesvermessungsamts Naturpark Fränkische Schweiz/Veldensteiner Forst. Beide Karten im Maßstab 1:50 000.
Empfohlene Jahreszeit: Das ganze Jahr über möglich. An sehr heißen Tagen jedoch nicht zu empfehlen, da die Tour zumeist durch offenes Gelände führt.
Internet: www.aufsess.de/brauereienweg
Sehenswertes:
Aufseß: Schloss Oberaufseß von 1690 mit vier runden Mauertürmen. Burg Unteraufseß mit Burgfried, Meingoz Steinhaus aus dem 12. Jahrhundert sowie Kapelle mit Buntglasfenster aus dem 14. Jahrhundert und schönem Schnitzaltar (Führungen von April bis Oktober täglich um 11 Uhr und um 14 Uhr). www.aufsess.de

10

Aufseß als die Gemeinde mit der „größten Brauereiendichte der Welt" zu deklarieren, dürfte der beste Marketingschachzug weit und breit gewesen sein. Denn seit dies im Jahr 2000 im Guinness-Buch der Rekorde bestätigt wurde, können sich die vier Kleinbrauereien der 1300-Einwohner-Gemeinde vor allem am Wochenende und bei gutem Wetter vor Besuchern kaum retten.

Unterwegs auf dem Brauereiweg.

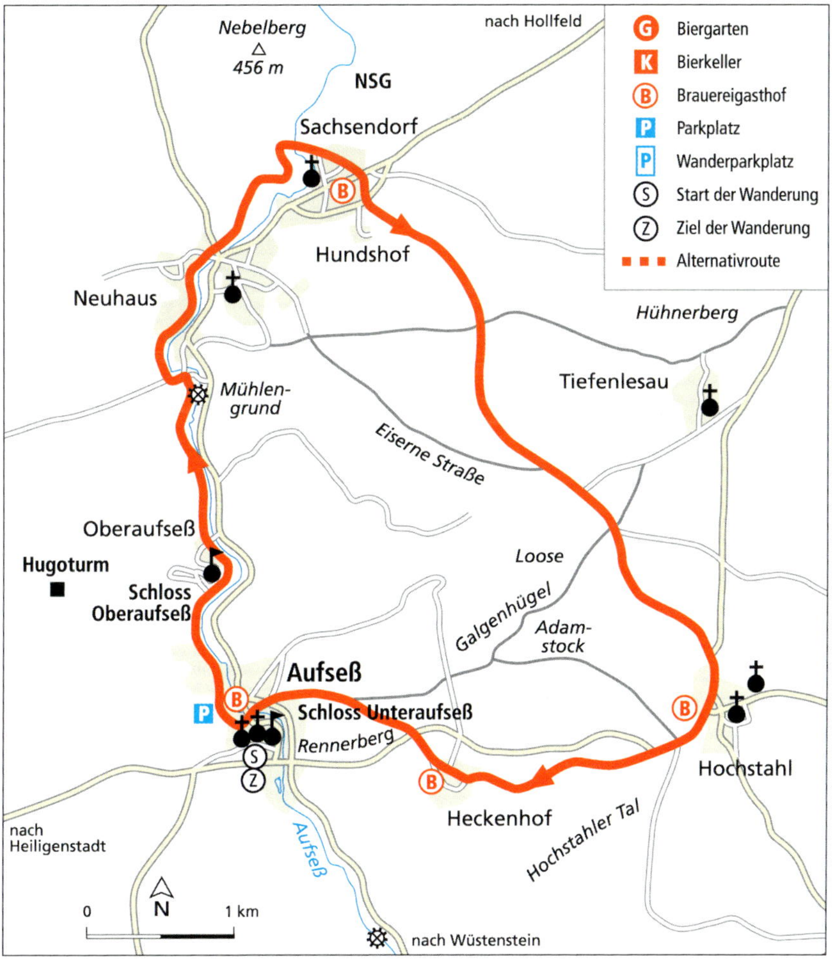

Mittlerweile haben sich die schlauen Brauer ein weiteres Schmankerl ausgedacht. Sie verleihen an alle Freunde des Gerstensafts den Titel „Fränkischer Ehrenbiertrinker". Hierzu besorgt man sich den Wanderpass (in der ersten Brauerei am Weg oder vorab im Internet unter www.aufsess.de/brauereienweg) und lässt sich in den vier Wirtshäusern die Einkehr (es muss sich hierbei nicht zwingend um ein alkoholisches Getränk handeln) mit einem Stempel bestätigen. Am Ende bekommt man als Dank die persönliche Urkunde ausgestellt. Kinder dürfen sich auf eine Begleiturkunde freuen.

Für reichlich Vergnügen ist also gesorgt. Dass es spektakulärere und landschaftlich schönere Touren in der Region gibt, sei zumindest erwähnt. Auch gibt es Brauerwanderwege mit noch höherer Brauereizahl pro Kilometer Wanderstrecke (z. B. den „Brauereiwanderweg nördlicher Frankenjura", der auf einer Länge

Neuhaus in Sicht.

von 37 km zu 14 Brauereien führt: er ist in dem Buch *„Biergartenwanderungen in Franken“* von denselben Autoren dieses Wanderführers beschrieben). Der Aufseßer Weg ist allerdings gut markiert, selbst mit einem geländegängigen Kinderwagen zu schaffen und abwechslungsreich.

Zunächst führt er fünf Kilometer durchs Aufseßtal vorbei an den Schlössern Unter- und Oberaufseß und an markanten Felsen. Die nächsten fünf Kilometer nach Hochstahl geht es über Flur und Wald durch unbesiedeltes Gebiet. Zurück nach Aufseß sind es dann nur noch vier Kilometer, in deren Mitte der Kathi-Bräu liegt. Dieser ist der Motorradtreff der ganzen Fränkischen Schweiz sowie der idyllischste Biergarten auf dem Brauereiweg.

10

Das Schloss in Unteraufseß.

Wegbeschreibung

Der Brauereiweg ist durchgehend gut markiert und mit Wegweisern beschildert. Auf eine Wegbeschreibung wird deswegen ausnahmsweise verzichtet.

Ein Bier im Bauch, der Raps am Wegesrand – so macht Wandern Spaß.

Biergärten und Einkehrtipps

Brauereigasthof Rothenbach, Im Tal 70, Aufseß

Brauerei, Wirtschaft und Gästehaus, das bereits in der sechsten Generation von der Familie Rothenbach geführt wird.

Telefon: 0 91 98 - 9 29 20

Internet: brauereigasthof-rothenbach.de

Öffnungszeiten: Von Mitte April bis Mitte Oktober täglich von 10 bis 23 Uhr. Im Winterhalbjahr eingeschränkter Betrieb. Erfragen Sie die Öffnungszeiten dann am besten telefonisch.

Lage: Ruhige Außenplätze an der Aufseß.

10

Essen und Trinken: Gute fränkische Küche. Bieriges wie Rumpsteak Braumeister, Forelle nach Müllerinart sowie Saisonales (Wild, Pfifferlinge, Spargel, Karpfen). Große Auswahl an eigenen Bieren vom Fass und in Bügelverschlussflaschen (Pils, Dunkles, Hefeweizen, Zwickl u. a.).

Brauereigasthof Stadter, Hauptstraße 26, Aufseß-Sachsendorf

Telefon: 09274/8193
Internet: brauereigasthof-stadter.jimdofree.com und www.braulehrer.de
Öffnungszeiten: Von April bis Oktober Montag Ruhetag, Dienstag bis Sonntag ab 10 Uhr. Von November bis März Montag bis Mittwoch geschlossen, Donnerstag bis Sonntag ab 10 Uhr.
Lage: Kleine Terrasse vor dem Haus. Den Gasthof führen seit 2011 Michael und Christine Benker.
Essen und Trinken: Auf der Karte stehen fränkische Brotzeiten und eine überschaubare Anzahl warmer Gerichte (v. a. sonntags). Die Spezialität der Brauerei Stadter ist das bernsteinfarbene bekömmliche Landbier nach „Urgroßvaters Rezeptur" von 1884, das man sich nicht entgehen lassen sollte.

10

Brauereigasthof Reichold, Hochstahl 24, Aufseß-Hochstahl

Telefon: 09204/271
Internet: www.brauerei-reichold.de

Öffnungszeiten: Montag bis Mittwoch Ruhetag. Donnerstag bis Sonntag ganztägig geöffnet.

Lage: Sonnige Plätze vor dem Haus.

Essen und Trinken: Hier gibt es preisgünstige Gerichte „nach Großmutters Rezepten". Dazu werden Biere – Lager, Zwickl, Dunkel und Weizen – der eigenen Brauerei ausgeschenkt.

Kathi-Bräu, Heckenhof 1, Aufseß-Heckenhof

Telefon: 09198/277
Internet: www.kathibraeu.de

Öffnungszeiten: Montag bis Freitag 11 bis 21 Uhr, Samstag, Sonn- und Feiertag 9 bis 19 Uhr. Von November bis März ist allerdings Mittwoch und Donnerstag Ruhetag.

Lage: Die Brauerei Kathi-Bräu ist seit Jahrzehnten der Bikertreff überhaupt in der Fränkischen Schweiz. Aber auch Familien mit Kindern, Senioren und Wanderer schätzen die urige Atmosphäre und den großen Biergarten.

Essen und Trinken: Es gibt die typisch fränkischen Brotzeiten. Ausgeschenkt wird dunkles Lagerbier, im Sommerhalbjahr auch Dunkles Kathi Leicht.

10

Brauerei- und Biergartenwanderung rund um Waischenfeld

Waischenfeld – Nankendorf – Breitenlesau – Steinerner Beutel – Waischenfeld

Weglänge: 12 km
Aufstieg / Abstieg: 250 hm / 250 hm
Reine Gehzeit: 3 ¼ Stunden
Start und Ziel: Waischenfeld, Fischergasse (Vorstadt). Die An- und Abreise mit den öffentlichen Verkehrsmitteln ist etwas kompliziert und zeitraubend. Busverbindungen ab Forchheim, Ebermannstadt und Bayreuth, teilweise mit umsteigen, siehe www.vgn.de und www.bahn.de. Ausnahmsweise ist hier die Anreise mit dem PKW zu empfehlen.
Gelände: Einfach zu begehende, auch für Senioren geeignete Wege, meist befestigt, aber im wesentlichen ohne Autoverkehr. Gute Beschilderung mit Wegweisern.
Karte: Fritsch Wanderkarte Naturpark Fränkische Schweiz Blatt Süd oder Wanderkarte des Bayerischen Landesvermessungsamts Naturpark Fränkische Schweiz/Veldensteiner Forst, beide im Maßstab 1:50 000.
Empfohlene Jahreszeit: Da die Wege überwiegend befestigt sind, ist die Wanderung ganzjährig gut möglich.
Sehenswertes:
Waischenfeld: Der Ort liegt sehr malerisch am Wiesentfluss und besitzt noch einzelne stattliche Fachwerkhäuser. Die Stadtpfarrkirche stammt aus dem 16. Jahrhundert. In ihr findet man eine „Anna Selbdritt" und eine Pieta aus der Zeit um 1500. Zwei spätgotische Kapellen im Stadtbereich. Auf dem Berg steht eine Burgruine, von der einige Umfassungsmauern mit Kanonentürmen, das ehemalige Oberamtsschloss und ein romanischer Rundturm, genannt der Steinerne Beutel, erhalten sind.

Diese Wanderung nördlich von Waischenfeld bietet nicht so viele kulturelle und landschaftliche Höhepunkte wie die Tour südlich des Städtchens (Wanderung 12) ist jedoch für den Brauerei- und Biergartenfreund sehr attraktiv. Drei interessante Kleinbrauereien liegen am Weg. Die Biere der Brauerei Heckel in Waischenfeld und der Brauerei Schroll in Nankendorf werden nur in der jeweils dazugehörigen Wirtschaft ausgeschenkt. Etwas größere

Die Wiesent und die Mühle in Nankendorf

11

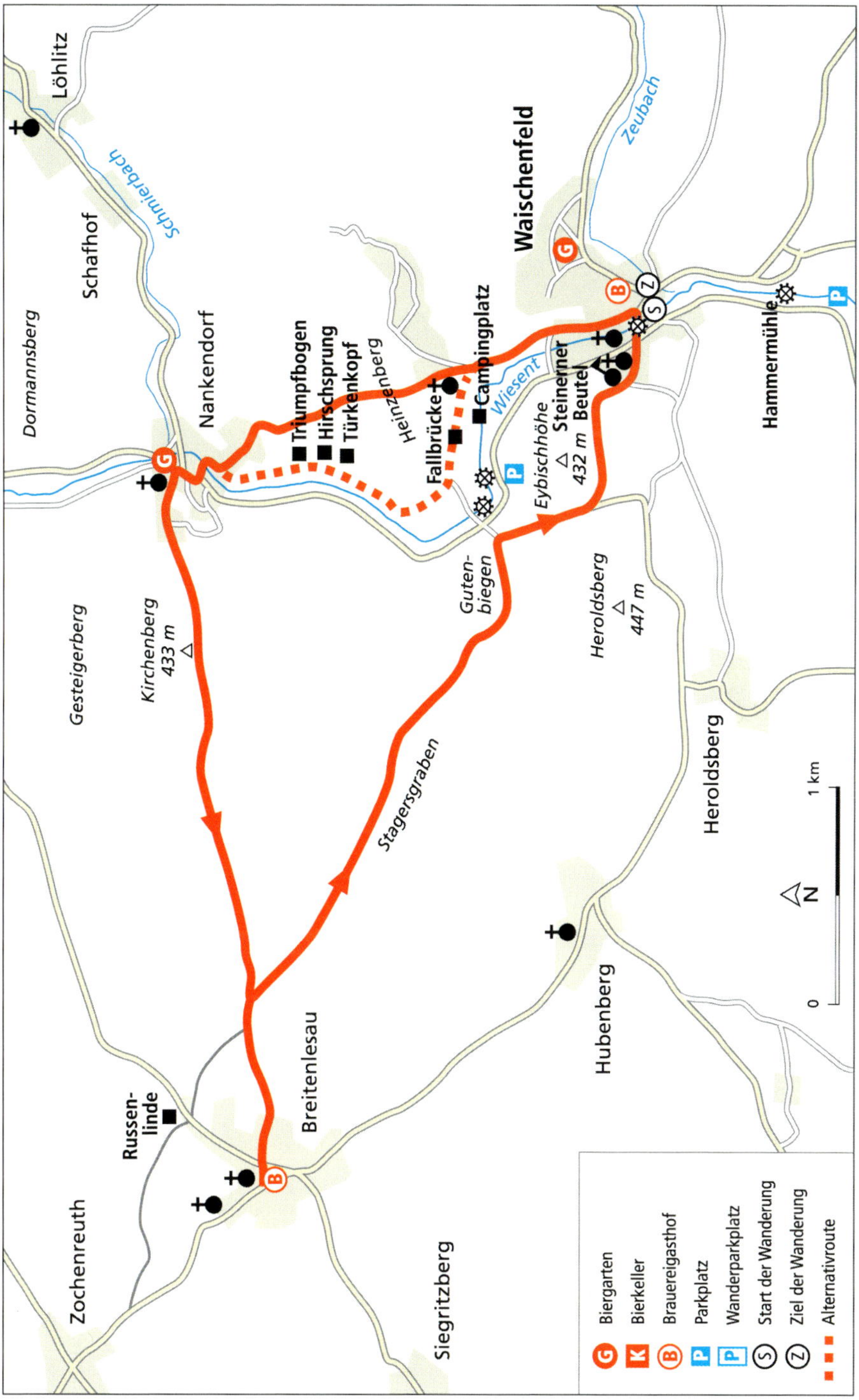
Löhlitz
Schmierbach
Schafhof
Dormannsberg
Nankendorf
Triumpfbogen
Hirschsprung
Türkenkopf
Heinzenberg
Fallbrücke
Campingplatz
Wiesent
Waischenfeld
Zeubach
Steinerner Beutel
Eybischhöhe 432 m
Hammermühle
Guten-biegen
Heroldsberg 447 m
Heroldsberg
Gesteigerberg
Kirchenberg 433 m
Stagersgraben
Breitenlesau
Russen-linde
Zochenreuth
Siegritzberg
Hubenberg
N
0
1 km
Biergarten
Bierkeller
Brauereigasthof
Parkplatz
Wanderparkplatz
Start der Wanderung
Ziel der Wanderung
Alternativroute

11

Blick von der Burgruine auf die alte Stadt Waischenfeld.

Dimensionen mit mehreren Biersorten, einem etwas höherem Bierausstoß und verschiedenen Zapfenwirten weist die Brauerei Krug in Breitenlesau auf, doch kann man auch sie zu den guten fränkischen Kleinbrauereien rechnen. Bei Schroll und bei Krug kann man sein Bier auch im Freien genießen. Die Gaststätte Schroll bietet ein schönes Brotzeitsortiment an, das Gasthaus Krug darüber hinaus auch warme Küche.

Die Wanderstrecke selbst ist keineswegs eintönig. Landschaftlich am reizvollsten ist der Abschnitt von Waischenfeld nach Nankendorf, egal ob man unten im Flusstal wandert oder über den Heinzenberg geht. Sehr hübsch sind auch die Felspartien auf der Anhöhe, bevor man die Burgruine Waischenfeld erreicht. Waischenfeld ist ein sehr sehenswertes Städtchen. Der Steinerne Beutel auf dem Berg gilt als das Wahrzeichen des Ortes. Wer zum Abschluss der Tour etwas gehobener, aber durchaus zu erfreulichen Preisen speisen möchte, besucht den Gasthof Jöbstel auf dem Hügel oberhalb der Vorstadt.

Jurafelsen nahe der Burgruine Waischenfeld.

Wegbeschreibung

Im Wiesenttal mit Blick nach Nankendorf.

Wir beginnen die Wanderung an der Fischergasse in *Waischenfeld*, der wir ortsauswärts in nördliche Richtung an der Wiesent entlang gehen. Am Ende der Bebauung erreichen wir einen größeren Gewerbebetrieb und das Freibad. Dann sehen wir bei einer Gabelung verschiedene Wanderwegweiser.

Hier ergeben sich zwei Möglichkeiten zum Weiterwandern. Beide sind gekennzeichnet. Geradeaus zeigt ein Wegweiser „Nankendorf 1,7 km" an. Dieser Weg ist mit den Täfelchen „Brauereiweg" und „Gebirgsweg" ausgestattet. Er führt bei einem Haus vorbei durch einen Hohlweg hoch zur Anhöhe, dort über Felder und dann nach einer Wegkapelle direkt nach *Nankendorf* hinunter.

Die andere Möglichkeit ist der Weg nach links „Nankendorf 2 km". Dieser Weg verläuft ohne Steigungen im Tal der Wiesent. Er führt zunächst als etwas breiterer Weg am Schwimmbad entlang, und setzt sich dann als Fußweg fort. Man kommt zu einem einzelnen Bauernhof („Schlösslein"), wo man nicht nach links läuft, sondern leicht rechts über das Hofgelände an großen Scheunen entlang geht. Immer im Tal, in Sichtnähe des Flusses, kommt man, erst weiter auf dem Fußweg, später auf einem geteertem breiten Weg nach *Nankendorf*.

In Nankendorf überqueren wir auf der kleinen Brücke beim Wehr einer Mühle die Wiesent und gehen bis zur Hauptstraße vor, wo wir nach rechts bald das *Brauereigasthaus Schroll* erreichen. Direkt diesem gegenüber geht es auf der Straße Kirchberg weiter (Wegweiser nach Breitenlesau und Täfelchen „Brauereiweg"). Bergaufsteigend verlassen wir den Ort. Danach laufen wir immer auf einem ungefähr drei Meter breiten befestigten, aber nicht geteerten Flurweg. Bei Gabelungen folgen wir den Wegweisern nach Breitenlesau und den Brauereiwegzeichen. Etwa 500 Meter vor Breitenlesau erreichen wir eine Abzweigung. Hier geht es scharf links nach Waischenfeld zurück. Zunächst laufen wir vermutlich nach *Breitenlesau* bis zum *Brauereigasthof Krug* weiter.

11

Auf dem Rückweg halten wir uns an der erwähnten Abzweigung rechts und wandern in Richtung Waischenfeld (auch Markierung „Gelber Punkt"). Der Weg ist zunächst gepflastert, später ein Erdweg. An einer Wiese erreicht man eine einzelne Scheune. Diese lassen wir links liegen. Fast immer sind an zweifelhaften Stellen Wegweiser angebracht.

Waischenfeld liegt im oberen Tal der Wiesent.

Man gelangt fast bis zur stark befahrenen Talstraße Nankendorf – Waischenfeld. Kurz vor dieser halten wir uns scharf rechts und folgen der bergauf führenden nicht so stark frequentierten Straße in Richtung Hubenberg. Nach gut 600 Metern biegen wir links einen befestigten breiteren Feldweg ein, der uns dann mit einer Rechtskurve zu schönen Felsformationen führt. Wir sehen hier bereits den „Steinernen Beutel" der ehemaligen Burg Waischenfeld, die wir bergab erreichen. Der kurze Abstecher nach links in den Burghof lohnt sich. Auf einem kleinen Teersträßchen laufen wir nun nach *Waischenfeld* hinunter. Noch vor der Pfarrkirche St. Johannes der Täufer auf der linken Seite folgen wir der Gasse rechts, gehen über Treppen bergab und kommen zum Hotel Post und zur Hauptstraße. Dort gehen wir geradeaus in der schmalen Straße mit dem Namen „Marktplatz" weiter und überqueren auf einer Brücke die Wiesent. Drüben befindet sich rechts die Straße Vorstadt, in der die *Brauereigaststätte Heckel* gelegen ist, und links die Fischergasse.

Brauereigasthöfe und Biergärten auf der Brauereirunde Waischenfeld

Brauereigaststätte Heckel, Vorstadt 3, Waischenfeld

Telefon: 0 92 02/4 93

Öffnungszeiten: Montag und Donnerstag ist Ruhetag. Dienstag, Mittwoch und Freitag ab 16.30 Uhr. Samstag 9.30 bis 13 Uhr. Sonntag 10 bis 12 Uhr und ab 16.30 Uhr.

Lage: Die Gaststätte der Brauerei Heckel wird noch so betrieben, wie dies auf dem Land vor 50 und mehr Jahren üblich war.

Essen und Trinken: Man erhält im Allgemeinen nichts zu essen. Jeder darf aber seine eigene Brotzeit mitbringen. Gebraut wird ein helles Schankbier, das nur hier in der Gaststätte ausgeschenkt wird.

Brauereigaststätte Schroll, Nankendorf 41, Waischenfeld

Die Gaststätte befindet sich seit 1848 in Familienbesitz.

Telefon: 09204/248

Internet: www.brauerei-schroll.de

Öffnungszeiten: Im April 2021 standen die Öffnungszeiten nicht fest. Informieren Sie sich auf der Homepage oder telefonisch.

Lage: Neben dem Gasthaus befindet sich, etwas von der Straße zurückgesetzt, ein kleiner Terrassengarten.

Essen und Trinken: Abgesehen von Bratwürsten gibt es warmes Essen nur auf Vorbestellung und zur Kirchweih am 2. Oktobersonntag, doch sind die angebotenen Brotzeiten keineswegs zu verachten. Berühmt ist der selbst gemachte Ziebeleskäse. Gebraut werden ein Landbier, ein Helles, ein Weizen, ein naturtrübes Pils und saisonal ein Bockbier.

Brauereigasthof Krug, Breitenlesau 1b, Waischenfeld

Telefon: 09202/835 oder 09202/535

Internet: www.krug-braeu.de

Öffnungszeiten: Montag und Dienstag ist Ruhetag. Sonst täglich ab 9 Uhr geöffnet (November bis März erst ab 11 Uhr).

Lage: Wegen seiner zentralen Lage nahe bei zwei Bierwanderwegen und des großen Biergartens mit einigen alten Bäumen wird die Brauerei Krug vor allem bei gutem Wetter im Sommerhalbjahr viel besucht.

Essen und Trinken: Fränkische, gutbürgerliche Küche. Brotzeiten, Bratwürste, saure Zipfel, Pfannenschnitzel, verschiedene Braten mit Klößen. Das süffige dunkle Lagerbier und die weiteren Sorten (Helles, naturtrübes Kellerbier, Pilsner, dunkles Festbier, Weizen) stammen aus der eigenen Brauerei nebenan.

11

Gasthof & Landhotel Jöbstel, Harletzsteiner Weg 12, Waischenfeld

Telefon: 09202/240
Internet: www.landhotel-joebstel.de
Öffnungszeiten: Montag ist Ruhetag. Dienstag bis Samstag ab 15 Uhr, Sonntag ab 11 Uhr.
Lage: Von der Vorstadt aus steigt man in 10 Minuten zu dem Gasthof Jöbstel hinauf, der neben schönen Gasträumen auch eine große sonnige Terrasse besitzt.
Essen und Trinken: Die Speisenauswahl ist nicht sehr groß, doch wird auf gehobene Qualität Wert gelegt. Man erhält frische regionale Produkte (Lammbraten vom fränkischen Weideland, Wild aus Waischenfelder Jagd). Weitere Beispiele aus der Tageskarte: Garnelen im Kartoffelmantel (empfehlenswert!), Chilli-Karotten-Süppchen, Krenfleisch vom Weiderind, Fischduett von Forelle und Saibling. Ein besonderes Dessert: Waldhonigparfait. Biere von der Brauerei Maisel Bayreuth. Freundlicher Service. Hotelübernachtung möglich.

11

Burgen, Täler, Höhlen und Biergärten südlich von Waischenfeld

Biergarteneinkehr an der Burg Rabenstein, in Oberailsfeld und in Waischenfeld

Waischenfeld – Pulvermühle – Burg Rabenstein – Sophienhöhle – Ludwigshöhle – Oberailsfeld – Eichenbirkig – Schönhof – Burg Rabeneck – Pulvermühle – Waischenfeld

Weglänge: 17 km
Aufstieg / Abstieg: 380 hm / 380 hm
Reine Gehzeit: 4 ¾ Stunden
Start und Ziel: Waischenfeld, Fischergasse (Vorstadt). Die An- und Abreise mit den öffentlichen Verkehrsmitteln ist etwas kompliziert und zeitraubend. Busverbindungen ab Forchheim, Ebermannstadt und Bayreuth, teilweise mit umsteigen, siehe www.vgn.de und www.bahn.de. Ausnahmsweise ist hier die Anreise mit dem PKW zu empfehlen. Wenn Sie Waischenfeld nicht besuchen wollen, können Sie die Strecke um drei Kilometer abkürzen, indem Sie am Wanderparkplatz Rabeneck im Wiesenttal parken und dann die Tour nach der Beschreibung oder dem GPS-Track gehen.
Gelände: Sehr schöne Fränkische-Schweiz-Landschaft. Überwiegend angenehme Fußwege. Mehrere nicht lange Anstiege. Feste Wanderschuhe und etwas Trittsicherheit sind bei dem Hangweg von der Ludwigshöhle nach Oberailsfeld wünschenswert.
Karte: Fritsch Wanderkarte Naturpark Fränkische Schweiz Blatt Süd oder Wanderkarte des Bayerischen Landesvermessungsamts Naturpark Fränkische Schweiz/Veldensteiner Forst, beide im Maßstab 1:50 000.
Empfohlene Jahreszeit: Vom zeitigen Frühjahr bis zum späten Herbst empfehlenswert. Nicht nach stärkeren Regenfällen.
Sehenswertes:
Burg Rabenstein: Die Burg liegt beherrschend 60 Meter über dem Ailsbachtal und ist eine der größten Burganlagen Oberfrankens. Erstmals erwähnt wurde die Burg im Jahr 1188. Mehrfach erfolgten Zerstörungen. Im 19. und 20. Jahrhundert wurden Burgteile wieder neu errichtet. Heute befindet sich in ihr ein exklusives Hotel mit Restaurant. Greifvogelvorführungen und ein Keltendorf sorgen für Abwechslung.
Sophienhöhle: Die seit 1834 zugängliche Höhle ist eine der schönsten Schauhöhlen Deutschlands. Sie ist 900 Meter lang, davon sind 220 Meter den Besuchern heute zugänglich. In drei großen Höhlenräumen findet man herrliche Tropfsteingebilde.
Burg Rabeneck: Die kühn auf einem Felsvorsprung gelegene kleine Burg war ursprünglich Besitz der Schlüsselberger Grafen. Die Hauptburg ist ein dreigeschossiger Wohnbau, der teilweise auf das 13. Jahrhundert zurückgeht. Unterhalb der Burg liegt auf einem Felsvorsprung die spätmittelalterliche Burgkapelle. Eine Besichtigung der noch bewohnten Anlage ist möglich.

Burg Rabeneck thront über dem Wiesenttal.

Diese Wanderung ist eine der reizvollsten in der Fränkischen Schweiz und gehört zu den Lieblingstouren der Verfasser. Der landschaftliche Abwechslungsreichtum ist groß: Liebliche sanfte Wanderpfade zu Beginn, im Ailsbachtal ein spannender Hangweg mit einem Prachtblick zur Burg Rabenstein, später Wiesen, Wald und ein Flusstalweg an der Wiesent. Das wäre schon genug für eine Spitzenwanderung. Doch erreichen wir auch zwei der besterhaltenen Burganlagen der Region, die eine riesig groß und teilweise restauriert (mit interessanten Unterhaltungsangeboten wie einem Greifvogelpark), die andere klein und noch ganz im mittelalterlichen Erhaltungszustand.

Auf dem Weg zur Burg Rabenstein.

Auch mitwandernden Kindern kann es auf der Tour kaum langweilig werden. Eine der schönsten Tropfsteinhöhlen der Fränkischen

12

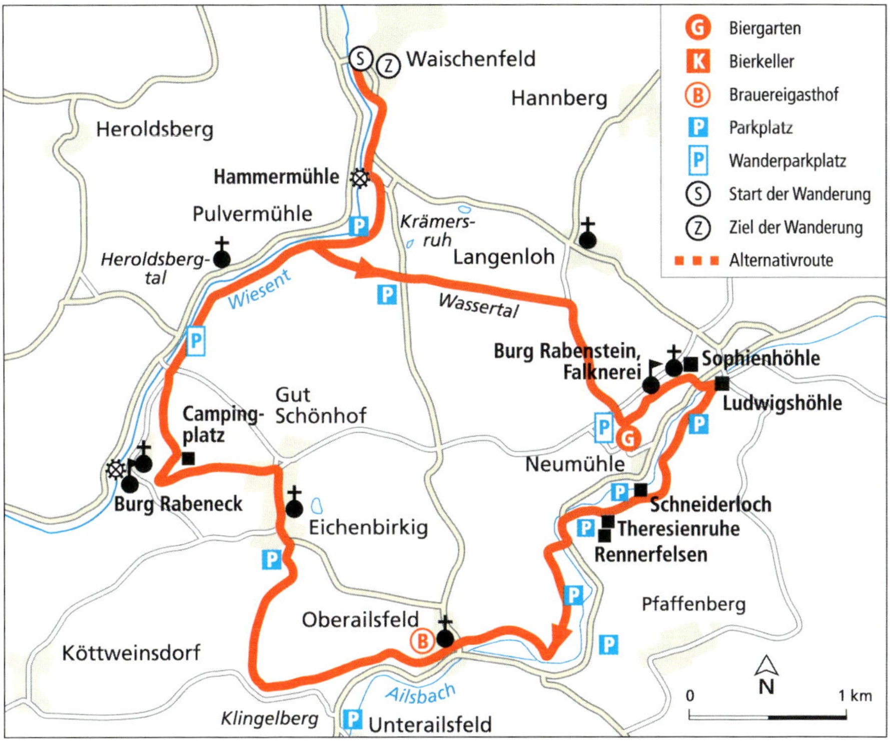

Schöner Wegabschnitt hoch über dem Ailsbachtal

Schweiz ist an der Wanderroute gelegen. Reicht die Zeit für eine Führung in der Sophienhöhle nicht aus, so ist die 11 Meter hohe für jedermann leicht zugängliche Ludwigshöhle ein guter Ersatz. Alles zusammen fast zu viele Attraktionen für einen Wandertag!

Der Wanderer lebt nicht allein vom Natur- und Kulturgenuss. Da ist es erfreulich, dass einige attraktive Gasthäuser mit schönen Biergärten am Weg liegen. Hervorzuheben ist die Gutsschenke an der Burg Rabenstein sowie die Gastwirtschaft der Brauerei Held in Oberailsfeld. Mehr kann man wirklich nicht an einem Wandertag erwarten.

Burg Rabenstein wird heute vornehmlich als Hotel genutzt.

Wegbeschreibung

Am südlichen Ende der Fischergasse in Waischenfeld wählen wir beim Kunigundenbrunnen den Skulturenweg entlang der Wiesent. In einem Links-Rechts-Schwenk wird ein Seitenbach überquert. An einer Straße halten wir uns rechts. 250 Meter danach, wenn die Straße in einer Linkskurve ansteigt, geradeaus weiter. Bei der Hammermühle bleiben wir ebenfalls in Flussnähe. Unmittelbar nach der nächsten Mühle, der Gaststätte Pulvermühle, geht es links in den Wald ab." Unsere maßgebliche Markierung ist ein „Blauer Querstrich" (nicht „Gelbes Kreuz"!). Bei fast allen späteren Weggabelungen finden wir entsprechende Wegweiser und das Markierungszeichen. Zweimal werden Teerstraßen überquert. In Höhe des Ortes Langenloh (Hinweisschild des dortigen Gasthauses) schwenken wir in südliche Richtung und erreichen dann leicht ansteigend den Parkplatz bei der *Burg Rabenstein*.

Scheffel-Poesie an der Burg Rabenstein.

Von hier aus folgen wir den Wegweisern zur Sophienhöhle. Das ist bereits beim Parkplatz vor dem Wildgehege möglich, aber auch beim Eingang zur Burg. In beiden Fällen erreichen wir eine Kreuzung mit zahlreichen Wegmarkie-

12

rungen. Ein kurzer Abstecher von hier auf den nahen Aussichtshügel mit Burgblick ist empfehlenswert. Die Markierungen „Roter senkrechter Strich", „Blaue 7" und „Gelber Ring" führen uns unterhalb von der oben gelegenen Klaussteinkapelle rasch zum Eingang der *Sophienhöhle*.

Weiter bergab gelangen wir zur Straße im Ailsbachtal. Wir laufen ein paar Schritte nach links und überqueren den Bach zur *Ludwigshöhle* hin. Unsere Markierung ist jetzt ein „Blaues Kreuz" („Markgrafenweg"). Wir müssen dem Pfad nach rechts folgen, der zunächst durch Wald ansteigt und dann am Hang entlang führt. Der Weg ist infolge von Wurzeln und Steinen nicht bequem zu begehen; auf kleinere Kinder sollte man etwas acht geben. Nach etwa 10 Minuten sehen wir im Tal das *Gasthaus Neumühle* liegen, zu dem hinunter ein Abstieg in wenigen Minuten möglich ist. Auf jeden Fall folgen wir weiter in leichtem Auf und Ab, auch durch Felsdurchlässe, dem Blaukreuzweg. Wir genießen dabei einen prachtvollen Blick hinüber zur Burg Rabenstein. Bergab erreichen wir wieder die Straße. Wir überqueren sie und sogleich den Ailsbach auf einer kleinen Brücke und steigen im Wald wieder bergan (weiter „Blaues Kreuz" und „Blaue 7"). Nach einer weitgehend ebenen Strecke geht es wieder hinunter in den Talgrund. Auf schönem Wiesenweg erreichen wir den Ort *Oberailsfeld* und stoßen hier bei der Kirche auf den *Gasthof Heldbräu*.

Blick vom Wanderweg zur Burg Rabenstein.

An der Straßenkreuzung bei der Kirche halten wir uns links (also vom Biergarten kommend rechts) und gehen in Richtung der Autostraße im Tal. Direkt vor dieser biegen wir rechts in eine Wohnstraße ein. Hier stehen Wegweiser nach Eichenbirkig und zu zwei Pensionen. Bei einer Gabelung noch im bebauten Ortsbereich geht es die Richtung beibehaltend (weder links noch rechts abbiegen!) kurz leicht bergan und dann eben weiter. Nach dem letzten Haus wandern wir auf einem begrasten Wiesenweg an einem Südhang entlang. Unser Pfad schwenkt etwa 10 Minuten nach den letzten Häusern des Ortes nach rechts und nimmt die von links kommende Markierung „Gelbes Kreuz" auf. Bei einer Gabelung folgen wir dem rechten, leicht ansteigenden Weg am Waldrand, der uns oben dann über Felder nach *Eichenbirkig* bringt. Auf der Dorfstraße laufen wir geradeaus bis *Schönhof* weiter. Rechter Hand finden wir hier das Gut Schönhof.

Bei der Kreuzung halten wir uns links und folgen dem Wegweiser in Richtung Rabeneck. Die Markierung „Grüner Ring" führt direkt zur *Burg Rabeneck.* Ein kurzes Stück vor der Burg (der Abstecher lohnt sich) geht es von Schönhof kommend scharf nach rechts weiter (Wegweiser nach Waischenfeld). Der Weg, nun wieder mit „Blauer 7" und „Gelber Ring" markiert, führt zunächst eben dahin und dann leicht nach links bergab. Einen Campingplatz lassen wir rechts liegen. Unten im Tal erreichen wir eine Waldpension; wir überqueren geradeaus den Wanderparkplatz Rabeneck und folgen dem Wegweiser zur *Pulvermühle,* die wir auf ebenem Waldweg erreichen. Auf bereits bekannter Route geht es zurück nach Waischenfeld.

Biergärten auf der Wanderung südlich von Waischenfeld

Gutsschenke, Biergarten und Restaurant der Burg Rabenstein, Rabenstein 33, Ahorntal

Telefon: 0 92 02/9 70 04 40

Internet: www.burg-rabenstein.de

Öffnungszeiten: Montag ist Ruhetag. Ende März bis Anfang November ist die Gutsschenke und der Biergarten Dienstag bis Sonntag von 11 bis 18 Uhr geöffnet. Das Burgrestaurant ist ganzjährig Dienstag bis Sonntag von 18 bis 21 Uhr geöffnet.

Lage: Nahe dem Burgeingang stößt man auf die Gutsschenke mit einem sehr großen romantischen Biergarten, teilweise unter großen alten Bäumen. Autofreie ruhige Lage. Rustikale Innenräume. Das Restaurant befindet sich in der Burg selbst.

Essen und Trinken: Die Speisekarte der Gutsschenke und des Biergartens ist umfangreich und reicht von Brotzeiten und Folienkartoffeln bis

12

zu frischen Forellen und Bratengerichten mit Klößen. Nachmittags auch Kaffee und Kuchen. Die Biere stammen von Held Bräu und Mönchshof. Abends im Restaurant wird „feine fränkische Küche“ zu etwas höheren Preisen serviert.

Brauereigasthaus Held Bräu, Oberailsfeld 19, Ahorntal

Telefon: 0 92 42/2 95

Internet: www.held-braeu.de

Öffnungszeiten: Mittwoch und Donnerstag ist Ruhetag. An den anderen Tagen ab 10.30 Uhr geöffnet.

Lage: Vor dem ansehnlichen Gasthofgebäude liegt der große ruhige Biergarten mit Tischen und Bierbänken (mit Lehnen). Man blickt auf die Kirche und zu Häusern an der Dorfstraße. Sonnige und schattige Plätze. Schöne rustikale Gaststube.

Essen und Trinken: Die guten Brotzeiten (heißgeräucherter Schinken!), und die selbstgebrauten Biere (Helles, Pils, das beliebte Dunkel, im Sommer Weizen), das alles auch noch zu fairen Preisen, ziehen Radler und Wanderer magnetisch an. Am Wochenende werden auch mehrere warme Gerichte aufgetischt.

Landgasthof Gut Schönhof, Eichenbirkig 10, Waischenfeld

Das Gut Schönhof wird Stand April 2021 nicht als Landgasthof weitergeführt. Bitte informieren Sie sich ggf. unter www.gut-schoenhof.de oderTel. 0 92 02 / 12 28.

Brauereigaststätte Heckel, Vorstadt 3, Waischenfeld

Siehe Wanderung 11.

Gasthof & Landhotel Jöbstel, Harletzsteiner Weg 12, Waischenfeld

Siehe Wanderung 11.

13 Höhlen und Felsen im Herzen der Fränkischen Schweiz

Biergarteneinkehr im Maihof in Köttweinsdorf

Behringersmühle – Forsthaus Schweigelberg – Weiße Marter – Köttweinsdorf – Doos – Riesenburg – Engelhardsberg – Adlerstein – Quackenschloss – Oswaldhöhle – Muggendorf

Weglänge: 15 km.
Aufstieg / Abstieg: 530 hm / 550 hm
Reine Gehzeit: 4 ½ Stunden.
Start: Behringersmühle, Bushaltestelle Hotel Behringers. Täglich mehrere Verbindungen mit Bus 389 ab Bahnhof Ebermannstadt. Siehe www.vgn.de oder www.bahn.de. In der Saison verkehrt auch die Dampf- bzw. Dieselbahn zwischen Ebermannstadt und Behringersmühle. Siehe www.dfs.ebermannstadt.de."
Ziel: Muggendorf, Bushaltestelle Forchheimer Straße. Mit der gleichen Buslinie oder mit der Dampf- bzw. Dieselbahn zurück nach Ebermannstadt.
Gelände: Gleich zu Beginn und dann bei der Riesenburg längere und etwas anstrengende Anstiege. Der Abstieg nach Doos ist relativ steil und manchmal rutschig. Bei dem (alternativ vorgeschlagenen) Anstieg zur Oswaldhöhle geht es gegen Ende der Tour nochmals recht steil bergauf. Feste Schuhe mit Profilsohle sind zu empfehlen. Die Wanderung verläuft zur Hälfte in offenem Gelände und zur Hälfte im Wald.
Karte: Wanderkarte des Bayer. Landesvermessungsamts Naturpark Fränkische Schweiz/Veldensteiner Forst 1:50 000 oder Fritsch Wanderkarte 1:50 000 Naturpark Fränkische Schweiz Blatt Süd oder Appelt Wanderkarte Innere Fränkische Schweiz 1:35 000.
Empfohlene Jahreszeit: Nicht an heißen Tagen und nicht bei Schnee und Eisglätte.
Sehenswertes:
<u>*Weiße Marter:*</u> Rokokomarter mit Marienkrönung von 1767. Ihre Errichtung beruht auf dem Gelöbnis eines Kronacher Wallfahrers. Die Bildsäule ist dem Gnadenbild von Gößweinstein nachgestaltet. Der Künstler ist nicht geklärt.
<u>*Riesenburg:*</u> Interessante große Einsturzhöhle.
<u>*Adlerstein:*</u> Aussichtsfelsen, der auf einer Treppe erstiegen werden kann.
<u>*Oswaldhöhle:*</u> 60 Meter lange Durchgangshöhle.

Die „Weiße Marter" bei Köttweinsdorf (Detail).

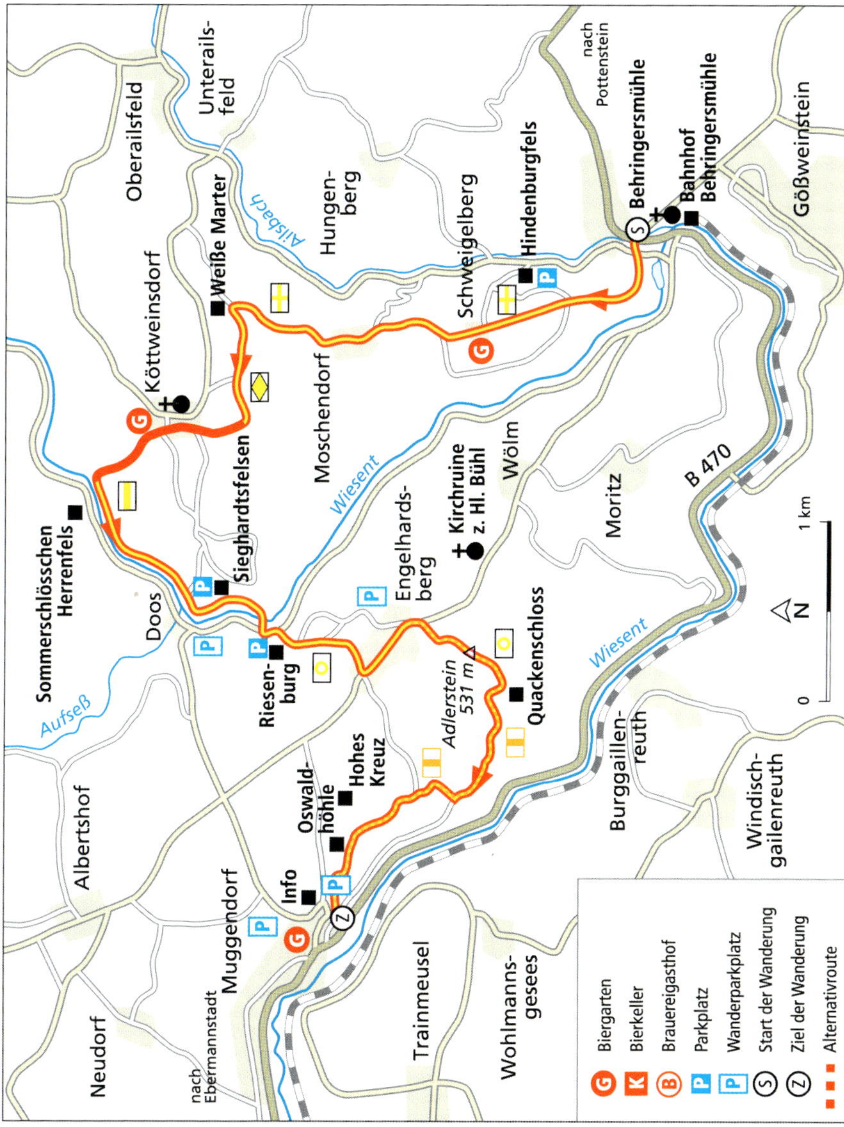

Diese Wanderung in den Kernbereich der Fränkischen Schweiz ist vom zeitigen Frühjahr bis zum späten Herbst lohnend. Doch wenn wir uns im Mai auf den Weg machen, haben wir doppelten Genuss: Zum einen sind die Buchenwälder zur Zeit des Laubaustriebs besonders lieblich, zum anderen ist im Mai die Einkehr im Garten des Maihofs am schönsten, denn dann sitzen wir hier mitten in einer Wiese voll blühender Obstbäume. Ein Krug vom dunklen Bier der Brauerei Krug und ein solides Mittagessen schmecken dann doppelt gut.

Ausblick vom Adlerstein über die Höhen der Fränkischen Schweiz.

Auf unserer Wanderung lernen wir fast alles kennen, was die Schönheit der Fränkischen Schweiz ausmacht, und was schon Anfang des 19. Jahrhundert romantisch veranlagte Studenten aus Erlangen wie die Poeten Tieck und Wackenroder bewogen hat, das „Muggendorfer Gebürg" zu besuchen: Das tief eingeschnittene Tal der Wiesent, die vom Baumbewuchs wieder befreiten Talhänge beherrschenden Dolomitriffe, die großartigen Höhlen und die zahlreichen Aussichtsfelsen.

Der Wanderweg führt durch die Oswaldhöhle hindurch.

13

Wenn wir zum Schluss der Tour einen kleinen Umweg und einen weiteren Anstieg nicht scheuen, führt uns unser Wanderweg durch die Oswaldhöhle. Erst wenn wir ein Stück in sie hineingegangen sind, sehen wir den Lichtschein vom entgegengesetzten Höhlenausgang. Besonders interessant ist auch die Riesenburg, eine sogenannte Einsturzhöhle. Ihre Decke ist eingestürzt, allerdings nicht vollständig, sodass man auf dem noch stehen gebliebenen Teil des Höhlendachs zu einer Aussichtskanzel hinweggehen kann. Dabei blickt man auf den Grund der Höhle hinunter. Ein bereits völlig eingefallenes Höhlensystem ist das sogenannte Quackenschloss. Hier ist nur noch eine wilde Felsszenerie vorhanden, die kaum mehr an die frühere Höhle denken lässt.

Das bekannte Quackenschloss ist eine Versturzhöhle.

Kurz vor dem Quackenschloss kommen wir zum Adlerstein, dem mit 534 m höchsten Punkt der inneren Fränkischen Schweiz. Früher wurde er mit Leitern erstiegen, die von Bauern der Gegend bereitgehalten wurden. Heute steigen wir verhältnismäßig bequem auf einer Treppe hinauf und genießen die Aussicht von der Felsklippe. Viktor von Scheffel, der im 19. Jahrhundert einer der bekanntesten Dichter Deutschlands war, hat auch den Adlerstein besungen:

Zum schwindelhohen Adlerstein
Versuch ich früh ein Klettern
Schau rundum ins Gebirg hinein
Und laß die Laute schmettern.
Frühnebel spielt, von Wind gefacht,
Um Felsen grobgestaltig.
O Hochland, wilde Hochlandpracht,
O Täler grün und waldig.

13

Die Anreise nach Behringersmühle ist an den Sommerwochenenden auch mit dem Dampfzug möglich.

Wegbeschreibung

Ausgangspunkt ist die Bushaltestelle *Behringersmühle* (Hotel Behringers). Wenige Schritte nach dieser in Richtung Gößweinstein führt rechts ein Fußweg zu einer Holzbrücke über die Wiesent. Dort geht es über die B 470 hinweg und durch den Kurpark zur Hauptstraße (Verkehrsamt). Hier laufen wir weder rechts noch links, sondern geradeaus zu den Wegweisern, von denen einer unseren Weg nach Schweigelberg anzeigt. Unser Markierungszeichen ist ab hier für längere Zeit das „Gelbe Kreuz“. Mit diesem Zeichen (und anderen) wandern wir den Hang empor. Kurz vor Erreichen der Höhe

Ausblick bei der Oswaldhöhle ins Wiesenttal.

schwenkt unser „Gelbkreuz“ leicht nach rechts zu einer Wiese hin (Aussicht!). Die Wiese überqueren wir auf einem Trampelpfad zu einer am Waldrand sichtbaren Bank hin. Rechts von dieser geht es geradeaus weiter. Wir erreichen eine Waldstraße, der wir bis zum *Forsthaus Schweigelberg* folgen.

Stadt und Land treffen in Köttweinsdorf aufeinander.

In gerader Richtung geht es wieder in den Wald hinein. 300 Meter nach dem Forsthaus folgen wir dem Weg geradeaus weiter mit der Markierung „Gelbes Kreuz“. Der Pfad führt dann in anmutigen Kehren durch Wiesengelände nach *Moschendorf*, das auf der Ortsstraße durchschritten wird. An einer kleinen Anhöhe bei einem Kreuz, etwa fünf Minuten nach dem Dorf, zeigt ein Wegweiser nach dem Gasthaus Maihof. Da wir aber die Weiße Marter sehen wollen, bleiben wir auf dem mit dem „Gelben Kreuz“ bezeichneten Weg bis zur *Weißen Marter*.

Hier ändert sich unsere Richtung und unsere Markierung. Wir folgen nunmehr dem Weg mit dem Zeichen „Gelbe Raute“, der wenige Meter vor der Marter nach links abzweigt, für knapp einen Kilometer. Bei einer Baumgruppe mit Kruzifix stoßen wir auf einen Querweg. Hier verlassen wir die Markierung und gehen nach rechts bis *Köttweinsdorf*. Bei der ersten Kreuzung im Ort laufen wir geradeaus auf einem „Privatweg“ weiter. Dieser führt hinter den Häusern des Dorfs entlang zum *Landgasthaus Maihof*.

Wenn wir das Gasthaus verlassen, gehen wir auf der vom Ort kommenden Straße nach rechts (ortsauswärts). Wir sehen vor uns ein breites Tal, in das wir hinablaufen. Bei einer Abzweigung links bleiben wir auf dem Weg, geradeaus im Tal, ebenso auch bei weiteren Gabelungen. Nach einem steileren Wegstück gelangen wir unten auf den Wanderweg an der Wiesent. Diesem folgen wir nach links. Er ist weiß-gelb-weiß markiert. Der Weg führt an dem Ortsteil *Doos* vorbei. Die Wiesent wird hier noch nicht überschritten. Erst etwa 10

Kräftigende Mittagsmahlzeit im Maihof.

Minuten nach Doos überqueren wir sie auf einer Holzbrücke zur Straße Doos – Behringersmühle hin. Auf dieser müssen wir ein kleines Stück nach links gehen und kommen zu einem Parkplatz. Auf einer Treppe laufen wir hier zu der Einsturzhöhle *Riesenburg* empor.

Wir steigen weiter zu dem oberen Ende der Höhle und gelangen zu einer Ruhebank. Als Markierungen haben wir hier einen „Roten Ring" und einen „Gelben Ring" zur Auswahl. Beide führen nach Engelhardsberg. Wir folgen dem Zeichen „Gelber Ring". Über einen Höhenrücken hinweg führt die Markierung nach *Engelhardsberg*. Wir erreichen dort eine Autostraße, gehen auf dieser nach links und laufen durch den Ort bis zu den letzten Häusern. Nach diesen biegen wir nach rechts in einen befestigten Weg ein, der zu einem Wanderparkplatz führt. Wir folgen weiter der Markierung „Gelber Ring", außerdem auch dem Zeichen „Senkrechter Rotstrich". Alsbald gelangen wir zum *Adlerstein*.

Nach diesem führen die Markierungen in den Wald. Dort geht es zwischen Felsen bergab. Wie fast immer in diesem Gebiet sind die Markierungen zahlreich angebracht. Bald erreichen wir das *Quackenschloss*. Hier geht der Weg nach rechts weiter zum Waldrand hin. Man kommt zu einem befahrbaren Weg, der bald wieder nach rechts verlassen wird. Die Wegzeichen führen uns in einen Talgrund hinunter. Eine Markierung „Grüner Schrägstrich" interessiert uns nicht. Im Tal geht es ein Stück eben dahin. Dann trennen sich die Markierungen „Gelber Ring" und „Roter senkrechter Strich".

Um zur Oswaldhöhle zu gelangen, bleiben wir auf der Markierung „Roter senkrechter Strich", müssen allerdings nochmal kräftig steigen. Nach der spektakulären, 65 Meter langen Durchgangshöhle geht es talwärts. Wir gelangen an eine Straße, der wir bergab nach Muggenhof hinein folgen. Nach dem Gasthof Goldner Stern halten wir uns links und erreichen kurz danach die B 470 und die Bushaltestelle.

Biergärten auf der Wanderung im Zentrum der Fränkischen Schweiz

Forsthaus Schweigelberg (bei Behringersmühle)

Telefon: 0911/76 13 48
oder 0172/8 12 08 71
Internet:
www.forsthaus-schweigelberg.de
Öffnungszeiten: Sehr eingeschränkt, meist nur auf Anfrage und Vorbestellung. Termine für spezielle Menüs finden Sie auf der Homepage.

Lage: Das frühere Forsthaus ist heute Privatbesitz. Es liegt im Wald an einer großen Wiese und ist ein idyllischer Rastplatz. Sitzplätze im Freien unter Sonnenschirmen und einem alten Laubbaum.
Essen und Trinken: Qualitativ und preislich gehobene Küche. Marga Linhard fühlt sich der Slow-Food-Idee verpflichtet und kocht soweit möglich mit saisonalen und regionalen Lebensmitteln.

Landgasthaus Maihof, Köttweinsdorf 30, Waischenfeld

Telefon: 0 92 02/3 53
Internet: www.mai-hof.de
Öffnungszeiten: Montag und Dienstag ist Ruhetag. An den restlichen Tagen ist ab 11.30 Uhr geöffnet, Samstag aber nur nach Vereinbarung.
Lage: Der Biergarten liegt absolut ruhig. Man sitzt an Gartentischen und Stühlen auf Grasboden an einer mit Obstbäumen bestandenen Wiese. Sonnige und schattige Plätze. Spielgeräte für Kinder sind vorhanden.
Essen und Trinken: Auch werktags gibt es immer mehrere warme Gerichte, oft auch Forellen. An Sonn- und Feiertagen kann man sich an Braten (manchmal Wild) und Klößen erfreuen. Nachmittags auch hausgemachte Torten und Kuchen. Spezialität ist die „Maihoftorte". Nach Ende der Küchenzeit erhält man Brotzeiten. Bei den Getränken ist Selbstbedienung. Die Biere stammen von der Brauerei Krug Breitenlesau. Auch die Hausbrände kommen aus der Fränkischen Schweiz.

Gasthof Goldner Stern, Marktplatz 6, Muggendorf

Siehe Wanderung 7

Weitere Einkehrmöglichkeiten

Mehrere in Behringersmühle und Muggendorf. In Engelhardsberg gibt es im Dorfladen N°9 Altes & Neues auch Getränke, Kaffee und Kuchen.

Von Pottenstein ins schöne Püttlachtal

14

Biergarteneinkehr im Kapellenhof und in Pottenstein

Pottenstein – Burg Pottenstein – Kapelle bei Elbersberg – Heiligensteg – Püttlachtal – Pottenstein

Weglänge: 11 km.
Aufstieg / Abstieg: 220 hm / 220 hm.
Reine Gehzeit: 3 ¼ Stunden.
Start und Ziel: Pottenstein Hauptstraße (Kirche). Parkplätze in der Nähe beim Kurzentrum. Pottenstein ist auch mit dem Bus zu erreichen (Buslinie Ebermannstadt – Behringersmühle – Pottenstein – Pegnitz). Bushaltestelle Pottenstein B 470. Die Busse fahren auch am Wochenende, in der Zeit vom 1. Mai bis 31. Oktober meist in ein- bis zweistündigem Abstand. In der Zeit vom 1. November bis 30. April ist der Fahrplan ausgedünnt. Detaillierte Fahrpläne unter www.vgn.de oder www.bahn.de.
Gelände: Abwechslungsreiche Wanderung in Wald- und Wiesengelände und in einem schönen ruhigen Flusstal. Nur ein kurzer steiler Anstieg zur Burg Pottenstein, dann ebene und leicht bergab führende bequeme Wege ohne Autoverkehr. Etwa zur Hälfte verläuft die Wanderung im Wald.
Karte: Fritsch Wanderkarte Naturpark Fränkische Schweiz Blatt Süd oder Karte des Bayerischen Landesvermessungsamts Naturpark Fränkische Schweiz/Veldensteiner Forst. Beide Karten im Maßstab 1:50 000.
Empfohlene Jahreszeit: Im Winter (November bis Februar) kommt kaum Sonne in den Talgrund des Püttlachtals. Sonst ist die Wanderung das ganze Jahr über lohnend, besonders im Vorfrühling vor dem Laubaustrieb (Anfang März bis Ende April) und im Oktober.
Sehenswertes: Pottenstein: Das an der Püttlach gelegene Städtchen weist vor allem im Bereich der Hauptstraße malerische Partien mit Fachwerkhäusern auf. Auch einige der Nebengässchen sind pittoresk. Überragt wird der Ort von der 1000-jährigen Burg, die bis zur Säkularisation im Jahr 1806 ein Verwaltungsamt des Bistums Bamberg war. Sie enthält Sammlungen von früheren Besitzern und kann besichtigt werden.

Der Besucher von Burg Pottenstein betritt zuerst den Vorhof.

14

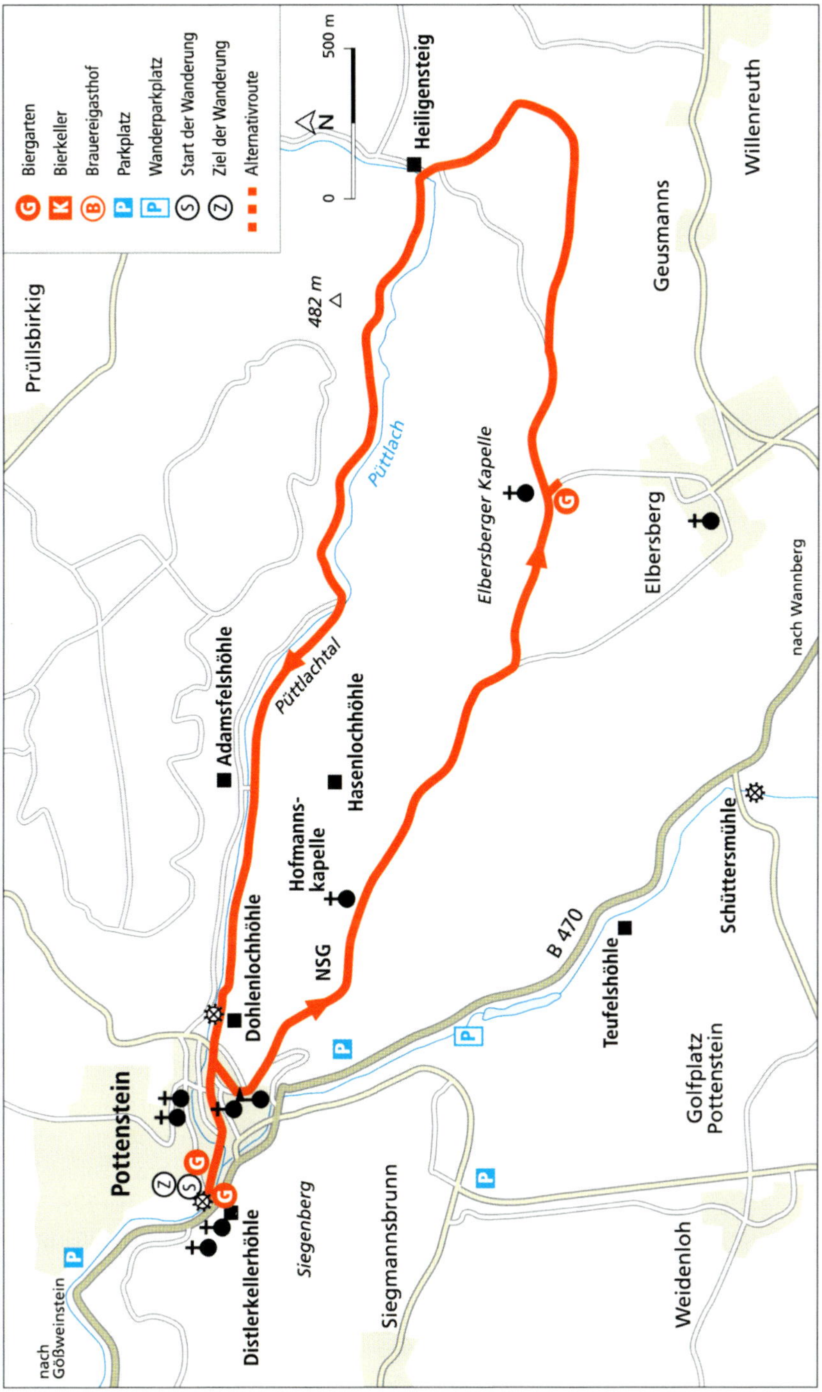

Biergarten
Bierkeller
Brauereigasthof
Parkplatz
Wanderparkplatz
Start der Wanderung
Ziel der Wanderung
Alternativroute
0
500 m
N
Heiligensteig
Prüllsbirkig
482 m
Geusmanns
Willenreuth
Püttlach
Elbersberger Kapelle
Elbersberg
nach Wannberg
Adamsfelshöhle
Püttlachtal
Hasenlochhöhle
Hofmanns-
kapelle
Schüttersmühle
Dohlenlochhöhle
NSG
B 470
Teufelshöhle
Pottenstein
Golfplatz
Pottenstein
Distlerkellerhöhle
Siegenberg
Siegmannsbrunn
Weidenloh
nach
Gößweinstein

14

Die hier beschriebene Tour ist ein Klassiker für Menschen, die noch gerne zu Fuß gehen. Sie führt auf leicht zu begehender Route durch die verschiedenen Landschaftsformen der Fränkischen Schweiz. Nach dem Start in schönster Felslandschaft an den Talhängen bei Pottenstein lernen wir die eher kargen Höhenzüge der Region mit lichten Kiefernwäldern und Halbtrockenrasen kennen, auf dem im Frühjahr Küchenschellen blühen. Vorwiegend durch Nadelwald steigen wir ins Püttlachtal hinunter. Schöne Buchenlaubwälder und stellenweise gewaltige Felsgebilde begleiten uns auf dem Talweg, immer in der Nähe des lebendigen kleinen Flüsschens. Was das Püttlachtal in diesem Teilstück zu einem der schönsten Täler der Fränkischen Schweiz macht, ist der Umstand dass weit und breit kein Autolärm beim genussvollen Wandern stört. Die Fränkische Schweiz besitzt eine ganze Menge herrlicher Flusstäler, doch leider verlaufen in diesen fast überall mehr oder weniger stark befahrene Autostraßen. Auch wenn oft Wanderwege auf der der Straße gegenüber liegenden Flussseite angelegt sind, wird man doch nur ganz selten eine solch idyllische Ruhe genießen können wie hier in diesem Flussabschnitt der Püttlach. Kein Wunder, dass seltene Vögel wie die Wasseramsel und der farbenprächtige Eisvogel hier noch heimisch sind und an den lehmigen Steilufern des kleinen Flusses brüten. Auch für seinen Reichtum an Bach- und Regenbogenforellen ist dieser Bereich der Püttlach bekannt.

Küchenschellen sind charakteristisch für trockene Bereiche der Fränkischen Schweiz.

Auf der Wanderroute finden wir nach etwa einer Stunde Gehzeit im Gasthaus Kapellenhof bereits eine Einkehrmöglichkeit mit einem ruhigen Biergarten. Das viel besuchte Pottenstein bietet darüber hinaus ein breites Spektrum an gastronomischen Angeboten. Besonders zu erwähnen sind mehre-

Der Wildflusscharakter der Püttlach ist stellenweise noch stark ausgeprägt.

Die Hauptstraße in Pottenstein besitzt noch zahlreiche Fachwerkbauten, darunter auch den Brauereigasthof Hufeisen.

14

re Brauereigasthöfe mit interessanten Bieren. Die der Brauerei Mager werden allgemein gelobt. Leider besitzt der Gasthof keinen schönen Biergarten. Der Brauereigasthof Hufeisen hat dagegen neben einem vielseitigen Biersortenangebot auch einen schön begrünten Innenhof zu bieten. Wohl der schönste Biergarten der Wanderung ist der dem gleichnamigen Hotel (früher Brauereigasthof Wagner) angeschlossene Biergarten Bruckmayer. Der hier angebotene süffige „Höhlentrunk" wird in Buttenheim nach einem Rezept der früheren Brauerei Wagner im Lohnbrauverfahren hergestellt.

Wegbeschreibung

Wir begeben uns von der Bushaltestelle an der B 470 auf der Nürnberger Straße ortseinwärts. An einer Kreuzung (geradeaus liegt der Bruckmayers Biergarten) biegen wir rechts in die verkehrsberuhigte Hauptstraße ab. Hier befinden sich die Brauereigaststätte Mager und die Brauereigaststätte Hufeisen mit ihrem großen Ausleger. Direkt nach dem Gasthof Pottensteiner Stuben führt uns ein Treppenweg (mit Wegweiser), der sich als Fahrweg (die alte Burgstraße) fortsetzt, zur *Burg Pottenstein* hinauf.

Wanderweg, Fluss und alte Laubbäume erfreuen den Wanderer im stillen Püttlachtal.

Die Burg Pottenstein kann besichtigt werden.

Auf der dem Burgeingang gegenüberliegenden Seite geht es weiter. Wir folgen dem leicht bergauf führenden zunächst geteerten Sträßchen. Diverse Wegweiser (auch nach Elbersberg) und Markierungen sind vorhanden. Bei Gabelungen folgen

Marktplatz und Pfarrkirche in Pottenstein.

wir stets der Markierung „Blauer senkrechter Strich" und dem „Jakobsweg" (Muschel). Bei einer Gabelung nach ewa 2 km zeigt rechts ein Hinweisschild zu einem Gasthaus in Elbersberg. Da wir den Ort Elbersberg auf unserer Wanderung nicht berühren, lassen wir diese Abzweigung unbeachtet. Etwa zehn Minuten später erreichen wir eine kleine Kapelle neben einem großen Baum. Wenige Meter nach rechts befindet sich der *Gasthof Kapellenhof*.

14

An der Kreuzung bei der Kapelle könnten wir schon nach links absteigen und so die Wanderung um 2 km verkürzen. Dann versäumen wir allerdings den schönsten Teil des Püttlachtals. So laufen wir in der bisherigen Richtung auf einem befestigten

Interessante Felsformation im Püttlachtal.

Feldweg weiter. Nach ein paar Minuten bei einer Kreuzung wandern wir geradeaus. Kurz danach vor einem Wäldchen müssen wir etwas aufpassen. Wir verlassen nämlich den Hauptweg und biegen links in einen einfachen Weg ein, der zum Wald hin- und in diesen hineinführt. An der Abbiegestelle erblicken wir etwas entfernt an einem Baum die jetzt für uns maßgebliche Markierung „Roter Punkt". Im Wald wandern wir dann auf einfachem Weg gemächlich bergab. Bei Wegverzweigungen suchen wir stets nach der Rotpunktmarkierung. Unten angekommen erreichen wir eine Kreuzung mit verschiedenen Wegweisern. Hier müssen wir scharf nach links in Richtung Püttlachtal und Pottenstein einbiegen. Wir verlassen die Rotpunktmarkie-

14

rung und folgen nun den Zeichen „Gelber Querstrich“ und „Blauer senkrechter Strich“. Bald erreichen wir einen Holzsteg über das Püttlachflüsschen („*Heiligensteg*“), der uns auf die andere Flussseite hinüberbringt.

Wir wenden uns hier nach links. Der Rest ist ebenso angenehm wie unkompliziert zu gehen. Wir folgen immer dem Waldpfad im Tal, meist dicht beim kleinen Fluss. Der direkte Weg vom Kapellenhof herunter kommt von links dazu. Etwas später wird der Fußweg zum befahrbaren breiteren Waldweg. Es führt dann wieder ein Steg auf die andere Talseite. Wir können auf der kleinen Waldstraße bleiben und am Adamsfelsen und dem Waldcafe vorbei *Pottenstein* erreichen, wo wir am Ortsbeginn links in das Löhrgäßchen einbiegen. Oder aber wir wandern auf dem ebenfalls bequem zu gehenden Fußweg auf der anderen Püttlachseite bis *Pottenstein*, wo wir beim Löhrgäßchen eintreffen. Dieses bringt uns zum (östlichen) Ende der Hauptstraße. Auf bekannter Route geht es zurück zu den Einkehrmöglichkeiten und zur Bushaltestelle.

Biergärten der Wanderrunde um Pottenstein

Gasthaus Kapellenhof, Kapellenhof 13, Pottenstein-Elbersberg

Telefon: 09243/449
Internet: www.kapellenhof-elbersberg.de
Öffnungszeiten: Donnerstag bis Sonntag ab 12 Uhr.
Lage: Der Kapellenhof ist ein früherer Aussiedlerhof, der seit längerem als Gasthaus betrieben wird und an der Wanderstrecke zur Einkehr einlädt. In dem begrünten Gartenhof sitzt man ruhig und angenehm.

Essen und Trinken: Die Speisekarte ist umfangreich. Auch das eine oder andere Fischgericht (z. B. Zander) und einfache vegetarische Speisen werden angeboten. Es gibt zudem Brotzeiten, unter anderem mit hausgemachter Wurst oder Sülze.

Brauereigasthaus Hufeisen, Hauptstraße 38, Pottenstein

14

Telefon: 0 92 43/260
Internet: www.hufeisen-braeu.de
Öffnungszeiten: Im April 2021 standen die Öffnungszeiten nicht fest. Informieren Sie sich auf der Homepage oder telefonisch.
Lage: Der ruhige Biergarten liegt hinter dem Haus auf einer befestigten Hoffläche. Teilweise hat man von hier aus einen Blick zur Burg. Die Innenbewirtung erfolgt im alten Gärkeller.
Essen und Trinken: Auf der Speisekarte findet man neben bewährten fränkischen Gerichten (Sauerbraten, Krenfleisch) auch interessante Biergerichte (Teufelsbrot, an Brautagen Treberfladenbrot) und Hausmacher Brotzeiten (z. B. Gerupfter oder Bratwurstteller mit Bierschnaps). Die Biere (alle vom Fass) stammen aus der eigenen Brauerei (Bio-Dunkel, Premiumpils, Kellerweizen). Eigener Bierbrand.

Bruckmayers Biergarten, Am Stadtgraben 1, Pottenstein

Telefon: 0 92 43/92 44 50
Internet: www.urbraeu-pottenstein.de

Öffnungszeiten: Dienstag ist Ruhetag. An den anderen Tagen bei schönem Wetter ab 12 Uhr geöffnet.
Lage: Der geräumige Biergarten liegt in schöner und recht ruhiger Lage am Rand der Altstadt. Größere Bäume und der kiesbelegte Boden gewährleisten ein angenehmes Biergartengefühl.
Essen und Trinken: Neben warmen Tagesgerichten gibt es auch Bratwürste, blaue Zipfel, Leberkäse, Obatzter und andere Brotzeiten. Das dazu gehörige Hotelrestaurant ist mit vielen alten Braugerätschaften ausgestattet. Biere von Weismainer Püls-Bräu (die auch den Höhlentrunk nach Bruckmayers Rezept herstellen) sowie von weiteren wechselnden Brauereien.

Zur Friesener Warte und zur Kirche des Reiterheiligen

15

Zu den vier Biergärten und Kellern in Ketschendorf, Senftenberg und Buttenheim

Hirschaid – Seigendorf – Friesener Warte – Ketschendorf – Senftenberg – Gunzendorf – Buttenheim

Weglänge: 18 km
Aufstieg / Abstieg: 470 hm / 460 hm
Reine Gehzeit: 5 ¼ Stunden
Start: Bahnhof Hirschaid. Bahnstrecke 820 Nürnberg – Bamberg – Lichtenfels. Stündlich eine S-Bahn und mindestens ein Regionalexpress.
Ziel: Bahnhof Buttenheim. Bahnstrecke wie oben. Jede Stunde eine S-Bahn.
Gelände: Bei dem Anstieg zur Friesener Warte müssen 250 m Höhenunterschied überwunden werden. Der Anstieg hinter Ketschendorf ist dagegen vergleichsweise harmlos. Nur ein Drittel der Strecke verläuft im Wald. Gute Wanderschuhe mit Profilsohle sind zu empfehlen.
Karte: Fritsch Wanderkarte Naturpark Fränkische Schweiz Blatt Süd 1:50 000 oder Wanderkarte Bamberg/Forchheim vom gleichen Verlag mit dem gleichen Maßstab.
Empfohlene Jahreszeit: Da der Biergarten in Ketschendorf schon ab März/April offen hat und der Senftenbergkeller auch im Winter geöffnet ist, empfiehlt es sich, diese Wanderung eventuell schon an einem schönen Vorfrühlingstag, etwa an Ostern oder am Tag des Georgiritts, zu unternehmen.
Sehenswertes:
Senftenberg: Hochgelegene dem heiligen Georg geweihte Kirche. An der Empore Gemälde aus der Georgslegende.
Buttenheim, Kirche St. Bartholomäus: Sehr schöne und vornehme Fassade. Davor große Terrasse mit Freitreppe. Kirchenbaumeister war der Bamberger Michael Küchel. Im Innern vorzügliche Rokokoausstattung (Altäre, Kanzel, Kreuzwegbilder). Zahlreiche Grabdenkmäler der Reichsfreiherrn von Stibar, darunter ein sehr schönes der Elisabeth von Stibar, das wohl von Tilman Riemenschneider selbst stammt. Außen an der Sakristei befindet sich das sogenannte Brauthäuschen.
Levi-Strauss-Museum: Im Geburtshaus von Levi Strauss, dem Erfinder der Jeans, wird sein Leben sowie die Geschichte der Jeans dargestellt. Dienstag und Donnerstag 14 bis 18 Uhr, Samstag und Sonntag 11 bis 17 Uhr. Weitere Infos unter www.levi-strauss-museum.de.

Aufgang zur Pfarrkirche in Buttenheim.

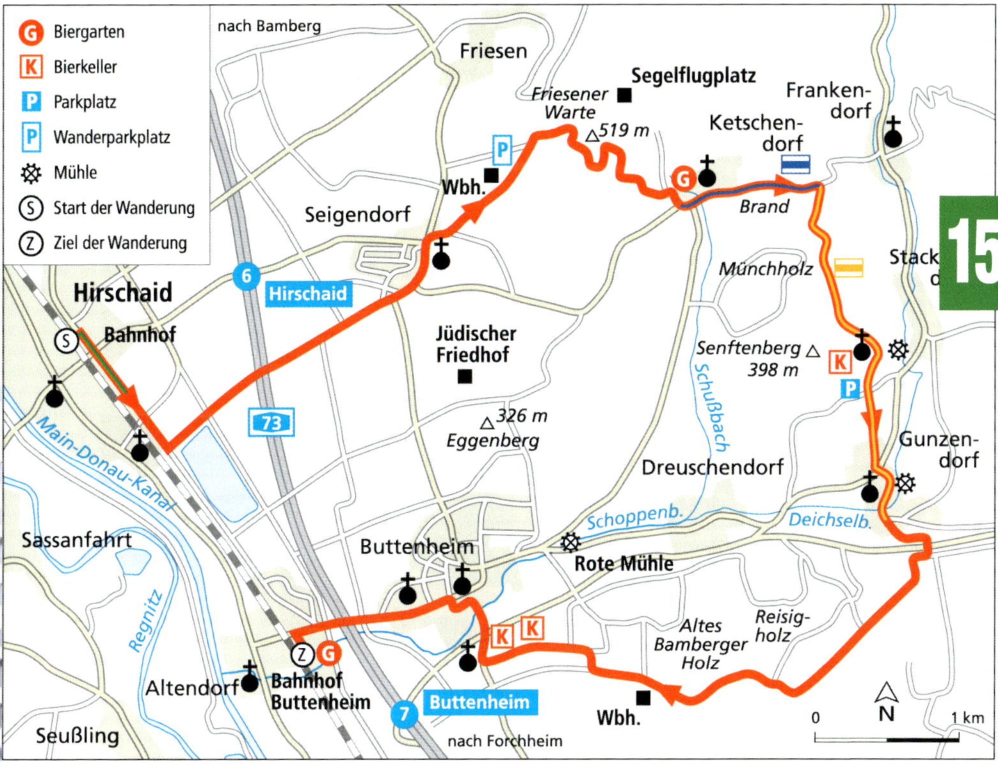

Unverdientermaßen ist die Friesener Warte als Wanderziel wenig bekannt, obwohl sie ein großartiger Aussichtsberg ist. Weitaus bekannter ist der große Biergarten am Senftenberg, bei dem der Gerstensaft direkt aus dem Sandsteinkeller des Bergs ausgeschenkt wird. Auf unserer Wanderung verbinden wir diese beiden Ziele miteinander. Zwischendurch in Ketschendorf und am Ende der Tour in Buttenheim können wir ebenfalls hervorragend einkehren.

Vom gut erreichbaren Bahnhof Hirschaid aus müssen wir zunächst den Regnitzgrund bis Seigendorf durchqueren, einem noch recht ursprünglichen Dorf. Dann folgt ein kräftiger Anstieg in den Bereich des weißen Jura, der hier in interessanten Querschichtungen zutage tritt. Oben nahe der Friesener Warte wachsen vielstämmige Ahornbäume, im späten Frühjahr ist der Bereich des Kalkschotters ein blühender Steingarten. Von der grasbewachsenen kahlen Hochfläche aus blicken wir hinunter in den Regnitzgrund und nach Hirschaid. Wir schauen auch bis nach Bamberg mit der Altenburg und dem Michelsberg und in entgegengesetzter Richtung zum Walberla und zur Langen Meile. Am Wochenende können wir den Segelfliegern zuschauen, die hier oben ein ideales Gelände haben. Rechts am Weg zum südlichsten Aussichtspunkt sehen wir

15

Der Senftenbergbierkeller ist bei schönem Wetter meist sehr gut besucht.

Im Wald beim Senftenberger Keller.

muldenförmige Vertiefungen. Hier haben die Bauern aus den Dörfern der Umgebung in kleinen Steinbrüchen Jurakalk geholt.

Es geht dann ziemlich steil bergab nach Ketschendorf. Keinerlei Durchgangsverkehr beeinträchtigt uns bei dem Gang durch das sympathische Dorf. Nach dem etwas anstrengenden An- und Abstieg können wir im ruhigen Garten der Gastwirtschaft Kramer mit einer feinen hausgemachten Brotzeit, z. B. einem guten Zwetschgenbaames, eine verdiente Stärkung zu uns nehmen.

Dann müssen wir noch zu dem Höhenrücken ansteigen, an dessen südlichster Stelle der Senftenberg mit Kapelle und Bierkeller liegt. Schon vor der Einkehrstätte kommen wir an zahlreichen alten Sandsteinkellern vorbei. Am Bierkeller selbst sitzt man sehr angenehm zwischen Steilhang auf der einen und Talblick auf der anderen Seite. Beim Weitergehen wandern wir nahe an der kleinen Kirche vorbei vorbei. Sie ist eine alte Wallfahrt und dem Reiterheiligen St. Georg geweiht. Am Sonntag, der dem Georgstag (23. April) am nächsten liegt, kommen die Reiter der Umgebung zur Segnung der Pferde hierher.

Weit geht der Blick von der Friesener Warte.

Wegbeschreibung

Direkt am *Bahnhof Hirschaid* gehen wir zunächst durch die Bahnunterführung zur östlichen Seite des Ortes. Nach der Unterführung laufen wir auf der Heinrichstraße nach rechts neben dem Gleis. An der Straßenkurve gehen wir auf einer Fußwegrampe hinunter zur Straße nach Seigendorf. Um die Autostraße dorthin zu vermei-
15 den, folgen wir weiter dem Bahngleis. Wir überqueren deshalb die Straße und laufen auf einer Treppe empor und auf dem Weg weiter, der parallel neben dem Bahngleis verläuft. Auf diesem bleiben wir für etwa 1 km. Wir wandern am Gelände der Firma INA vorbei. Nach dem Firmengelände zweigt links ein unbefestigter Weg ab, dem wir, an einem Baggersee entlang, folgen. Der sandige Pfad führt zu einer kleinen Straße. Hier gehen wir geradeaus, jetzt auf einer Teerstraße, am Firmengelände eines Möbelhauses vorbei. Auch bei einer weiteren Querstraße behalten wir unsere Richtung bei.

Das Sträßchen führt uns dann über die A 73 hinweg. Immer geradeaus gelangen wir zum Ortsanfang von *Seigendorf.* Wir folgen der Hauptstraße des Ortes. Der dann abzweigenden Straße Richtung Ketschendorf folgen wir nicht, sondern gehen geradeaus und steigen zur Kirche empor. Die Straßenkehre können wir mit einem Fußweg rechts abschneiden.

Vorübergehend begleitet uns eine Markierung „weiß-blau-weiß". Links mündet dann die Straße von Hirschaid her ein. Kurz danach führt rechts eine schmale Straße zwischen Gebäuden in die Flur hinaus. Hier gehen wir bis zur nächsten Wegga-

Dorfgasse mit Gasthaus Kramer in Ketschendorf.

belung. Dort folgen wir der kleinen Straße links (der rechte Weg führt direkt nach Ketschendorf). Wir wandern bergauf bis zu einem Kleingartengelände. Bei diesem laufen wir geradeaus weiter den Berg hinauf. Bei einer Bank endet der geteerte Weg, wir gehen nun auf einem Waldweg geradeaus. Bei der nächsten Weggabelung im Wald laufen wir geradeaus bergauf. In einem Hohlweg schraubt sich unser Weg empor bis zu einer von rechts kommenden Waldstraße, die hier mit einer Wendekehre endet. Wir steigen hier geradeaus weiter bergan. Bei der nächsten Weggabelung, etwa 100 Meter nach der Waldstraße, gehen wir links. Nach einem weiteren ziemlich steilen Stück wird unser Weg zum Pfad. Dieser trennt sich in zwei Äste, wir folgen dem rechten durch Büsche hindurch und gelangen zu den Felsen an der Friesener Warte. Wir gehen geradeaus über Schotter weiter, bis wir auf der begrasten Hochfläche der *Friesener Warte* stehen.

Zum Weiterweg laufen wir nunmehr nach rechts am Rand des Hochplateaus entlang. Die Absperrung des Fluggeländes dürfen wir nicht überschreiten. Auf diese Weise gelangen wir bis zum südlichsten Punkt der Hochfläche, wo wir noch einmal eine schöne Aussicht genießen. Hier machen wir nun einen scharfen Knick nach links und gehen in nördlicher Richtung, jetzt auf der anderen Seite des Fluggeländes, an der Absperrung des Flugplatzes weiter. Rechts befindet sich Wald und Buschwerk. Rund 70 Meter nach dem Aussichtspunkt weicht rechts der Wald in einer kleinen Einbuchtung etwas zurück. Hier steht ein großer Wacholderbusch auf der kleinen Wiese. An dieser Stelle gehen wir rechts auf einem Trampelpfad über das Gras an dem Wacholder vorbei in Richtung Wald und gelangen nach wenigen Metern auf einen schwach ausgeprägten grasbewachsenen Weg, dem wir nochmals nach rechts folgen. Der Weg verläuft jetzt wieder in südlicher Richtung. Wir sind also eine Art S-Kurve gegangen. Der Weg führt sodann leicht bergab und wird mit der Zeit besser, allerdings auch steiler. Er kann stellenweise rutschig sein. Man gelangt bergab zu einer Wiese und dann zu einem geteerten Weg, auf dem wir nach rechts zur Straße hingehen, die von Seigendorf kommt. Nach links führt uns diese Straße in den Ort *Ketschendorf*. Gleich die erste Ortsstraße links bringt uns zur *Gastwirtschaft Kramer*.

Vom Gasthaus aus gehen wir zurück zur unteren Straße. Hier halten wir uns links, laufen also in der Verlängerung der Straße weiter, auf der wir ankamen. Der Weg steigt nach dem Dorf an. Er ist „weiß-blau-weiß“ markiert. Wir gelangen zu einer Art Passhöhe. Hier geht es rechts in Richtung Senftenberg.

Ein Wegweiser zeigt den Weg an, der „weiß-rot-weiß“ markiert ist (Albrandweg). Die Markierungen fehlen allerdings teilweise. Wir wandern erst an einer Wiese entlang, dann durch Wald. Bei einer weiteren Wiese geht der Hauptweg rechts hinunter. Wir bleiben oben auf dem grasigen Pfad, der die Wiese überquert. Man gelangt dann wieder zum Wald. Hier geht es auf nun kräftiger ausgeprägtem Weg an Sandsteinkellern vorbei bergab bis zum Senftenberger Felsenkeller

15

Bierausschank aus dem Sandsteinkeller (Senftenberg).

Nach dem Verlassen des Kellers laufen wir geradeaus weiter. Es geht unterhalb der Sankt-Georgs-Kapelle zu zwei Häusern hin und dann auf einer geteerten Straße ein Stück bergab. Wir gelangen zu Kreuzwegstationen und biegen links in den Fußweg ein, der bei weiteren Stationen hinuntergeht. Unten kommen wir zu einer Straßenkreuzung. Wir laufen geradeaus in Richtung *Gunzendorf.* Eine größere Straße wird überquert. Hier geht es leicht nach links (Wegweiser: Ortsmitte). Nach einer Rechtskurve gelangen wir zur Kirche. Wir laufen auf der „Jurastraße“ durch das Dorf bis zum Bach und überqueren diesen. 60 Meter nach dem Bach biegen wir rechts in die Straße „Zum Schießberg“ ein. Nach dem Ende der Bebauung geht die Straße ungeteert als Fußweg weiter. Wir kommen zur Ortsumgehungsstraße und laufen ein Stück weit nach links bis zu einer Brücke über die Straße. Nach deren

Überquerung halten wir uns rechts. Nach etwa 100 Metern geht es rechtwinklig nach links. Nach einer riesigen Linde schwenkt der Weg nach rechts. An der Stelle, an der der Plattenweg dann wieder nach links geht, wandern wir geradeaus direkt auf den Wald zu. Am Waldrand laufen wir nur ein paar Schritte nach rechts und dann links auf breitem Weg in den Wald hinein.

Nach etwa zehn Minuten im Wald führt unser Weg bei einer freistehenden Fichte nach rechts hinunter. Die Richtung nach Westen beibehaltend gelangen wir zum Waldende. Auch hier wandern wir in der bisherigen Richtung weiter, bis wir nach 1,3 Kilometer ab Waldende auf die Straße von Unterstürmig nach Buttenheim stoßen. Auf dieser gehen wir nach rechts bis zur Umgehungsstraße von *Buttenheim*. Links befindet sich hier der *Löwenbräukeller*, rechts ist der Zugang zum *Georgenbräukeller*.

Bis zum Bahnhof sind es noch knapp zwei Kilometer. Wir überqueren die Umgehungsstraße in einem Kreisverkehr und gehen geradeaus auf der Kellerstraße Richtung Ortsmitte. An der Marktstraße halten wir uns links. Rechter Hand taucht die Pfarrkirche St. Bartholomäus auf. Wir verlassen die Marktstraße nach rechts auf der Schlossstraße. Die stärker befahrene Hauptstraße wird erreicht. Sie führt uns aus dem Ortskern heraus, über die Autobahn A73 und zum Bahnhof von Buttenheim.

Die Biergärten der Wanderung zur Friesener Warte

Gasthaus Kramer, Ketschendorf 19, Buttenheim-Ketschendorf

Telefon: 0 95 45/74 32
Internet: www.gasthaus-kramer.de
Öffnungszeiten: Montag ist Ruhetag. Dienstag bis Freitag ab 16 Uhr, Samstag und Sonntag ganztags geöffnet.
Lage: Sehr ruhige Ortslage. Der Biergarten hinter dem Haus ist terrassenförmig mit Natursteinmauern angelegt. Tische und Stühle. Sonnige und – unter alten Linden, Robinien und einer Trauerweide – schattige Plätze. Im Garten Selbstbedienung.

Essen und Trinken: Warmes Essen gibt es immer mittwochs und zur Kirchweih an Pfingsten. Sonst sehr gute Brotzeiten, zum Teil aus der Schlachtung eigener Rinder. Berühmt sind der selbstgemachte Zwetschgenbaames, der rohe Schinken und das Kaiserfleisch. Gutes selbstgebackenes Brot. Bier (Vollbier, Pils, Kellerbier, Weizen) vom St. Georgenbräu Buttenheim. Im Allgemeinen auch selbstgebackene Kuchen (Streuselkuchen!).

15

Senftenberger Felsenkeller, Senftenberg, Buttenheim-Gunzendorf

Telefon: 0 95 45/7 06 93
Internet: www.senftenberger-felsenkeller.de

Öffnungszeiten: Montag ist Ruhetag. Dienstag bis Freitag ab 14 Uhr, Samstag und Sonntag ab 11.30 Uhr. Bei schlechtem Wetter und im Winterhalbjahr meist nur am Wochenende ab Nachmittag geöffnet. Informieren Sie sich zur Sicherheit auf der Webseite oder telefonisch.
Lage: Sehr ruhig in schöner Hanglage mit Aussicht zum Schießberg. 500 überwiegend schattige Plätze unter altem Laubbaumbestand. Teils Biergarnituren, teils feste Bänke und Tische. Ein großer Pavillon schützt vor Regen. Getränke sind am Sandsteinkeller zu holen, Essen und Kaffee am Kellerhaus.
Essen und Trinken: Kellerbrotzeiten aller Art, etwa Wurst, Schinken, Ziebeleskäse und Obatzter. Selbstgebackenes Brot. Am Wochenende auch Bratwürste sowie Kaffee und Kuchen. Biere der Brauerei Hönig in Tiefenellern.

St. Georgenbräu Bierkeller, Kellerstraße, Buttenheim

Telefon: 01 51/18 02 09 90
Internet: www.georgenbraeu.de/keller
Öffnungszeiten: Bei schönem Wetter von April bis September täglich ab 14 Uhr, sonntags schon ab 11 Uhr.
Lage: Ziemlich ruhig gelegen, leichte Hanglage mit Blick in den Regnitzgrund. Es gibt sonnige und schattige Plätze unter alten Linden und Kastanien. Bänke mit

Lehne. Überdachte Plätze in der ehemaligen Kegelbahn. Gut ausgestatteter Kinderspielplatz.

Essen und Trinken: Vor allem Kellerbrotzeiten, aber auch warme Gerichte und freitags Makrelen und Heringe vom Buchenholzgrill. Bier von der eigenen Brauerei.

15

Löwenbräukeller, Eremitage 3, Buttenheim

Telefon: 0 95 45/50 93 46
Internet: loewenbraeu-keller-buttenheim.de
Öffnungszeiten: Dienstag ist Ruhetag (September bis April ist auch Mittwoch geschlossen). An den anderen Tagen ab 11 Uhr, sonntags bereits ab 10 Uhr geöffnet.
Lage: Anders als der nahe gelegene Georgenbräukeller hat der Löwenbräukeller ganzjährig und auch schon ab Mittag geöffnet. Insoweit ähnelt er, auch was das Essen angeht, mehr einem normalen Gasthaus. Sonst allerdings ist das Bierkellerambiente mit Kellerhaus und sonnigen sowie schattigen Plätzen unter Bäumen recht gut erhalten.
Essen und Trinken: Fränkische Küche (z. B. Schäufele, Bohnenkerne mit Dörrfleisch), manchmal auch Wild. Diverse fränkische Brotzeiten und Salate. Kellerbier, Weizen und Pils stammen aus der eigenen Brauerei.

Helmut Herrmann und Bernd Schulz

Weinwanderungen in Franken

Unterwegs zu Winzern, Weinstuben und Heckenwirtschaften

NEU mit der Beschreibung besonders empfehlenswerter Weingüter

14,5 x 22 cm, 224 Seiten, Broschur, detaillierte Wanderkarten, Übersichtskarte in der hinteren Umschlagklappe

12,50 EUR ISBN 978-3-89889-043-4

Mit 22 Wandervorschlägen, versehen mit genauer Beschreibung der Wegstrecke, kann mit diesem Buch die Weinlandschaft Frankens erkundet werden. Besonderes Gewicht wurde darauf gelegt, geeignete Möglichkeiten für eine Einkehr beim Frankenwein aufzuzeigen. Zahlreiche Hinweise auf Gaststätten, Weinstuben und insbesondere auch Heckenwirtschaften am Weg mit ihrem Wein- und Essensangebot und ihren Öffnungszeiten wurden bei den einzelnen Wanderstrecken aufgenommen.

Christof und Helmut Herrmann

Biergartenwanderungen Franken

22 Wanderungen zu 77 Biergärten und Bierkellern

Mit Brauereiwanderweg nördlicher Frankenjura

14,5 x 22 cm, 198 Seiten, Broschur, detaillierte Wanderkarten, Übersichtskarte in der hinteren Umschlagklappe

10,- EUR ISBN 978-3-89889-165-3

Mit dem Buch soll die Lust am Wandern besonders für den Bierfreund geweckt werden. In der schönen Jahreszeit ist die Aussicht auf eine Einkehr in einen fränkischen Biergarten oder Bierkeller ein zusätzlicher Anreiz, sich auf den Weg zu machen. Die im Buch enthaltenen Wanderungen sind mit durchschnittlich drei bis fünf Stunden Gehzeit (ohne Pausen, bei mittlerem Wandertempo) mehr als reine Spaziergänge. Es sind 22 Wanderungen mit jeweiliger Wegbeschreibung und den dazugehörigen Detailkarten im Büchlein enthalten.

Helmut Herrmann

Biergartenwanderungen Bamberg und Umland

14,5 x 22 cm, 176 Seiten, Broschur, detaillierte Wanderkarten, Übersichtskarte in der hinteren Umschlagklappe

10,- EUR ISBN 978-3-89889-174-5

Nicht nur die Stadt Bamberg selbst, sondern auch das Bamberger Umland ist reich an Kulturgütern und Kunstschätzen. Gleichwohl ist die Region um Bamberg ausgezeichnet durch landschaftliche Schönheit. Mehrere Naturparks, der nördliche Fränkische Jura, die Fränkische Schweiz und das Obermaintal sind lohnende Ziele für den Naturliebhaber und insbesondere den Wanderer.

Die 21 Wandervorschläge dieses Buches (alle sind mit öffentlichen Verkehrsmitteln durchführbar) sollen zu besonders schönen Zielen im 30-km-Umkreis um Bamberg hinführen.

Heinrichs-Verlag Bamberg **Erhältlich im Buchhandel**

Christof Herrmann wurde 1972 im mittelfränkischen Ansbach geboren, wo er auch aufwuchs. Seit seiner frühen Kindheit wandert er, zunächst mit seinen Eltern und beiden Geschwistern, später auch auf eigene Faust.
Er hat in Würzburg Informatik studiert und war mehrere Jahre als Programmierer tätig. 2012 beschloss Christof Herrmann jedoch seinen Beruf an den Nagel zu hängen und seiner Berufung zu folgen. Seitdem ist er als Blogger und Autor selbstständig. Neben dem Wandern und Reisen beschäftigt er sich eingehend mit den Themen Minimalismus, Nachhaltigkeit, gesunde Lebensführung und vegane Ernährung. Er lebt in Nürnberg.

Internet: www.einfachbewusst.de
E-Mail: info@einfachbewusst.de

Helmut Herrmann wurde 1937 in Coburg geboren und ist dort aufgewachsen. Schon in jungen Jahren hat er zu Fuß und mit dem Fahrrad das Coburger Land und das Obermaintal erkundet.

Seit 1965 lebt er in Mittelfranken. Seinem Hobby Wandern ist er auch während seines Berufslebens als Verwaltungsjurist und Verwaltungsrichter treu geblieben. Seine Wandertouren führten ihn nun (zusammen mit seiner Ehefrau und seinen drei Kindern) durch große Teile Süddeutschlands, durch Südtirol und auch durch andere europäische Länder.

Nach seiner Pensionierung im Jahr 2002 hat Helmut Herrmann in Zusammenarbeit mit dem Heinrichs-Verlag neun Wanderführer verfasst, die Anregung geben sollen, die schönsten Ecke Frankens und anderer Regionen Deutschlands kennen zu lernen.

Verzeichnis der Biergärten und Bierkeller